마가복음 강해서 1
하나님의 복음

하나님의 복음

마가복음 강해서 1

안병만 박사 지음

Expository Sermons:
The Gospel according to St. Mark

도서
출판 영문

Acknowledgments

저자(著者)의 변(辯)

설교를 전공한 학자로서 늘 고민하는 것 중에 하나가 '어떻게 하면 설교를 할 때에 하나님의 의중을 살려서 청중들에게 적실하게 적용할 수 있을까' 하는 것입니다. 본인은 설교는 할수록 점점 더 어렵고 무거운 짐이라는 것을 통감하고 있습니다. 신학대학원에서 원우들에게 설교를 잘 하는 방법과 그들의 장단점을 지적하여 시정하도록 요구하는 클리닉은 잘하지만 정작 자신은 설교준비 과정에서 과부하가 걸리고, 원고를 가지고 강단에 올라 갈 때마다 주저하게 되고, 설교 후에는 어떤 반응이 나올까 하는 두려움을 가지는 경우가 많은 것이 솔직한 고백입니다. 저만 가지는 고민이 아니라 거의 모든 설교자들이 갖는 공통된 심경이 아닐까 생각해 봅니다.

예수님의 지상 사역에 대한 관심을 가지면서 사 복음서 중에 어떤 것을 선택하여 강해를 할까 고심하는 가운데 복음서의 원본(Original-사복음서 중에 제일 먼저 기록된 책)이라고 말하는 마가복음을 선택하여 주일마다 강단에서 선포하게 되었는데, 그것을 모아서 한권의 책으로 먼저내고 그 다음에 시리즈로 몇 권 더 출간할 계획을 잡았습니다. 마가복음은 간단하면서도, 하나님의 복음의 주제이신 우리 주 예수 그리스도의 행적을 잘 드러내고 있는 성경입니다. 이방인(로마)들을 위해 쓰인 복음이기 때문에 이론보다 행동적인 면을 많이 강조하고 있고, 간단하면서도 사건이나 진리 자체가 명료합니다. 마태복음처럼 유대인들에 대한 변증이나 구약의 인용이 적고, 주님의 사역 가운데서도 이방인 복음 전파을 언급하지 않으며, '복음의 시작이다' (1:1)라는 첫 선언처럼 순수한 복음에 대해서 기술하고 있습니다. 이런 면을 고려해 볼 때 마가복음은 모든 민족, 특히 이방세계에 흩어져 사는 고난과 핍박 받는 하나님의 백성들을 위한 '기쁜소식, 승리의 소식, 복된 소식' (εὐαγγέλιον-유앙겔리온)임이 분명합니다.

성경에서 말하고자하는 바를 충분하게 드러내어 삶에 적용시켜 성도들로 하여금 변화를 이끌어 내는 것이 강해설교의 목적인데 대부분의 교회 설교자들이 힘들어하는 것이 바로 이점일 것입니다. 본문을 깊이 연구하고 묵상하여 직접 삶으로 실천해 보면서 그 진의를 유감없이 전달하여 변화를 추구하는 것은 너무나 힘든 사역입니다. 그러나 부르심을 받아 말씀 맡은 자로 쓰임 받기 위해서는 적어도

이 정도의 수고로움은 동반되어야 하고, 그 결과는 성령님께 맡기는 것이 옳다고 생각합니다. 강단에서 외쳐진 말씀을 다 글로 적어서 출판하는 일은 거의 불가능하지만 기본적으로 토대가 되고 근간이 된 진리를 글로 표현하는 일은 그렇게 어렵지 않기 때문에 설교에 대해서 고민하는 분들에게 조금이나마 도움이 되고자 큰 용기를 가지고 이 세상에 한 권의 책을 내어 놓게 되었습니다. 말씀을 연구하고, 청중들에게 조금이나마 도움이 된다면 이 책이 세상에 나온 존재의 이유와 목적을 이루는 것이라고 믿습니다.

저는 '**존 스토트의 설교의 원리와 방법**'(프리셉트)을 연구하여 박사학위(Th.D)을 받아 수지에 있는 열방교회를 개척하여 섬기면서 성경적인 원리와 정신 그리고 아카데믹한 신학적 원리를 현실적으로 어떻게 접목하고 실현할 것인가를 10여 년 동안 고민하면서 먼저 요한 일서의 강해집 - '**하나님의 마음**'(프리칭)을 출간하여 독자들에게 좋은 반응을 얻게 되었고, 그것을 계기로 용기를 얻어 마가복음 강해서를 두 번째로 출간하게 되었습니다. 이 책이 한국교회 강단을 살찌우고 성경말씀이 바르게 선포되는 일에 일조가 되었으면 하는 바람입니다.

특별히 감사한 것은 개척시부터 함께 한 설진성집사 부부께서 이 책 출판을 위해서 동역해 주신 일과 분주하신 중에서 백석대 부총장으로 사역하시는 김진섭 박사님과 존경하는 총회장 정근두 박사님 그리고 먼저 목회의 본을 보이시는 정주채 목사님, 박은조 목사님, 그리고 나의 친구 김명군목사님께서 기쁨의 추천서를 써 주신 일입니다. 늘 곁에서 격려와 사랑으로 함께 한 아내(허순덕)와 자녀들(보혜/정훈, 희락, 보은)에게 감사의 마음을 전합니다.

2012. 4. 1
광교산 자락에 위치한 열방교회 목양실에서...

안병만 목사

Acknowledgments

As a scholar who majored in homiletics I am always concerned about how I can deliver the sermon according to God's will and apply it to the congregation. I now fully realize that delivering a sermon becomes harder the more I do it. I may be able to teach students at a theological seminary, advising them to correct their mistakes and encourage merits. However, I confess that when I am preparing to deliver a sermon I feel burdened, hesitant as I walk up to speak in front of the congregation and fear what their reaction may be after the sermon. I presume that this feeling is shared by most preachers.

I have selected Mark, the very first book to be written among the four Gospel, to take a closer look at the ministry of Jesus Christ. Recently, the sermons I have preached for a few weeks have been put together to be published as a book. Mark is simple, yet clearly illustrates the ministry of Jesus here on earth. This book contains simple facts and truth which was originally written for the gentiles, especially Romans of that time, therefore it emphasizes not on theory but how Christians should act.

Unlike Matthews, there are fewer quotations from the Old Testament and demonstration of Jews, depicting the pure Gospel as it is introduces "the beginning of the Gospel". Considering these features, the Book of Mark is "the good news" and "the news of victory" especially for God's people who are facing many difficulties out in the world.

The advantage of an expository sermon for a preacher is it helps to uncover the intention of the Bible, apply it to life and bring about changes in the congregation. Many preachers find it difficult to study the text, practice it in life and deliver the true meaning to others. On the other hand, this kind of effort is necessary for a person who has dedicated his life as a servant of God. The outcome is up to the Holy Spirit. It may seem impossible to write down every spoken word that was proclaimed on the pulpit but this book is put together based on the written texts of my sermons so it is my greatest wish to be helpful to many preachers out there who find preaching difficult. It would be an honor if this book is of help to any preacher eager to study and deliver a sermon that would change the world.

I have studied the principles and methods of John Stott and received a doctor's degree in Theology. I founded the All Nations' Community Church in Suji 12 years ago. It has been a great pleasure to serve the congregation, studying the Biblical principle and spirit and attempting to apply the truth to everyday life. My first book "God's Heart" was loved by many readers and by God's grace I have had the chance to publish my second book. I pray that this book will be a small tool to enrich preaching the word of God.

I would like to express my gratitude to deacon Seol and his wife who were with me since our church was founded, for helping me publish this book, Dr. Jin Sup Kim, Dr. Keun doo Chung and Revd. Joo Chae Jung, Eun Jo Park, my best friend - Myeong Kun Kim who were more than happy to write words of recommendation. I am grateful for my family that God has given me, my wife(Soon Deog Hur) and my children (Bo-Hye, Jeong-Hoon, Hee-Rak and Bo-Eun).

2012 April 1

Dr. Byeong Man An

추 천 사

　주부라면 누구나 밥을 짓듯이 목사라면 누구나 설교를 해야 합니다. 하지만 주부라고 누구나 밥을 잘 할 수 있는 것도 아니고 목사라고 누구나 설교를 잘 하지는 않습니다. 그러나 주부의 요리솜씨가 탁월하지 않아도 식구들은 집에서 먹는 음식을 선호합니다. 그것은 파는 음식에서 기대할 수 없는 사랑과 정성이란 양념이 주부의 음식에는 들어있기 때문입니다. 그래서 인류가 존속하는 한 모든 사람들이 음식점에서 음식을 사 먹는 비극이 일어나지 않기를 바라고 있습니다. 마찬가지로 가장 탁월한 한 설교자의 설교를 모든 사람이 다 듣도록 강요당하는 시대가 오지 않을 것이란 믿음을 가지고 있습니다.

　저자 안 병만 목사는 같은 교단에 속해 있을 뿐 아니라 동시에 같은 나라 남아공화국 포체프스트룸 대학교에서 유학을 한 공통점을 가지고 있습니다. 내가 로이드 존스의 원리와 방법을 전공한 것과 같이 그는 존 스토트의 설교의 원리와 방법을 전공했습니다. 그래서 그의 설교집은 또 한 권의 설교집이 아닙니다. 한 편의 설교마다 본문이 말하는 내용을 담아내기 위한 설교학을 전공한 사람의 고민이 묻어나고 있습니다. 그의 설교를 읽어보면 한 편 한 편의 내용이 결코 평범하지 않다는 것을 알게 될 것입니다. 그러므로 앞으로 나오게 될 그의 마가복음 연속설교집에 대한 기대를 갖게 만듭니다.

지금은 하늘에서 쉬고 있는 하용조 목사님의 마태복음 연속설교집이 일찍 나왔고, 아직도 끝맺음을 못한 추천인의 누가복음 강해설교집이 계속 나오는 것처럼, 그리고 김서택 목사님의 요한복음 연속강해설교집의 대열을 이어서 안 목사님의 마가복음 강해설교집이 복음서 연속강해집이 또 하나의 이정표를 새롭게 만들어가기를 바랍니다. 각 사람이 자기 시대의 자기 청중에게 영원한 복음을 전해야 할 사명이 있기 때문입니다. 안 목사님의 마가복음 설교집은 밥 짓는 일이 계속되듯이 설교를 매주 준비해야 하는 동역자들에게 큰 도움이 될 것이라고 생각합니다.

부디 이 책을 읽는 동역자들과 일반 독자들은 안 목사님을 통해서 마가가 전하려고 했던 복음의 그 단순 명료하고 힘 있는 능력을 접하게 되기를 바랍니다. 그리하여 시대마다 신실한 종들에 의해서 천국의 진리가 더 널리 전파되는 일에 이 책이 귀한 디딤돌이 되기를 바랍니다. 그리하여 이 세상 나라를 우리 주 하나님과 그리스도의 나라가 되어 그가 세세토록 왕 노릇하는 그날이 속히 임하기를 소원합니다. "아멘 주 예수여 오시옵소서"

구주대망 2012년 3월 27일, 남쪽 울산에서

울산교회 담임 정근두 목사

차례

저자(著者)의 변(辯) / 5
Acknowledgments / 9
추천사 / 12

Chapter 1 예수 그리스도의 복음 막1:1 ································· 7
(Jesus Christ's gospel)

Chapter 2 세례 요한의 삶 막1:2-3, 6 ························· 29
(Baptist John, his life)

Chapter 3 세례 요한의 사역 막1:4-8 ································ 37
(His ministries)

Chapter 4 세례 받으신 예수님 막1:9-11 ······························ 46
(His baptism)

Chapter 5 시험 받으신 예수님 막1:12-13 ···························· 59
(His temptations)

Chapter 6 때와 하나님의 나라 막1:14-15 ···························· 74
(The time and the kingdom of God)

Chapter 7 소명과 사명 막1:16-20 ···························· 84
(Calling & mission)

Chapter 8 권위 있는 새 교훈 막1:21-28 ···························· 95
(Authority of His teaching)

Chapter 9 예수님의 치유사역 막1:29-34 ·························· 108
(Jesus' healing)

Chapter 10 예수님의 기도와 전도 　　　막1:35-39 ·················· 122
(Prayer and evangelism)

Chapter 11 치유 경험과 전도 　　　　막1:40-45 ·················· 132
(The healing and evangelism)

Chapter 12 행동하는 믿음 　　　　　막2:1-12 ··················· 140
(The faith to act)

Chapter 13 죄인의 친구, 예수 그리스도 　막2:13-17 ·················· 152
(Sinners' friend, Jesus Christ)

Chapter 14 새 포도주는 새 부대에 　　　막2:18-22 ·················· 166
(New wine into new wineskins)

Chapter 15 안식일의 주인, 예수 그리스도 　막2:23-28 ·················· 177
(The Lord's day)

Chapter 16 손마른 환자를 치유하신 예수님 　막3:1-6 ···················· 189
(A man with a crippled hand)

Chapter 17 큰 무리, 큰 일 　　　　　막3:7-12 ··················· 199
(A large crowd, the great doing)

Chapter 18 제자 공동체(1) 　　　　　막3:13-19 ·················· 210
(The community of disciples)

Chapter 19 제자 공동체(2) 　　　　　막3:13-19 ·················· 221
(The community of disciples)

Chapter 20 예수님에 대한 오해와 진실 　막3:20-30 ·················· 232
(The misunderstand & truth to Jesus)

Chapter 21 예수님의 가족 　　　　　막3:31-35 ·················· 244
(The family of Jesus Christ)

Chapter 1

예수 그리스도의 복음
(Jesus Christ's gospel)

마가복음 1:1

하나님의 아들 예수 그리스도의 복음의 시작이라

신약의 첫 네 권인 복음서는 예수 그리스도의 인격과 사역을 다른 각도에서 다룬 프리즘과 같습니다. 한 개의 복음서만 있다면 그리스도에 대한 전체적인 면 보다 1/4 만 그 분에 대해서 알 수 있는 경우가 될 것입니다. 이를 통하여 하나님께서는 우리에게 독생자 예수 그리스도에 관한 것이 너무나 중요하기 때문에 그의 모든 생애와 사역을 각 저자의 성품과 특성들을 사용하여 여러 측면에서 놓치지 않고 상세하고 구체적으로 보여주고 있습니다.

신앙생활은 예수님의 성품을 본받는 것이고, 그의 하신 사역을 본받아 이 땅에 이루는 것이라고 할 수 있습니다. 그 분에 대해서 잘 모르면 그 분의 요구에 우리가 응할 수 없습니다. 부모님을 잘 알지 못하고서는 부모님께 효도할 수 없는 이치와 비슷합니다. 하나님은 우리에게 그리스도에 대하여 잘 알도록 너무나 구체적으로 알려 주셨습니다. 사실 그리스도를 아는 것은 곧 하나님을 잘 아는 것입니다. 빌립이 하루는 예수님께 **"주여 아버지를 우리에게 보여 주옵소서 그리하면 족하겠나이다"**(요14:8) 고 요청했을 때, 예수께서 대답하시기를 **"빌립아 내가 이렇게 오래 너희와 함께 있으되 네가 나를 알지 못하느냐 나를 본 자는 아버지를 보았거늘 어찌하여 아버지를 보이라 하느냐"**(요14:9)라고 하셨습니다.. 하나님과 예수 그리스도는 동일한 본체이시지만 성자께서 이 땅에 인류 구원을 위해서 성육신(成肉身)하신 것입니다. 그러므로 우리가 그리스도를 깊이 알아가고 잘 섬기는 것은 곧 하나님을 바로 알고 섬기는 일이 됩니다.

사복음서 중에 마가복음은 복음서의 원전이라고 합니다. 독일의 신학자 라크만이 '마가복음 우선설'을 주장하면서 네 복음서 중에 가장 원초적인 것이라는 빛을 보게 되었습니다. 마태나 누가는 마가복음서를 근거로 자신들의 복음서를 기록했다는 것입니다. 다시 말하면 순서상으로는 마태복음 다음에 위치하고 있지만 실제는 제일 먼저 기록이 되었고, 이것을 근거로 해서 다른 복음서가 기록되었다는 주장입니다. 제일 간단명료하면서 짧게 기록이 되었지만 모든 것을 압축하여 담고 있는 너무나 중요한 위치를 점하고 있고, 다른 복음서에서 다루고 있는 대부분을 요약기술하고 있습니다.

마태복음은 유대인들을 대상으로 기록하고 있기 때문에 예수님을 그들이 기다리고 있던 다윗의 혈통으로 나실 메시야 즉 만왕의 왕(The king of kings)으로 묘사하고 있으며, 누가복음은 이방인들 특히 그 당시 큰 문명을 이루고 세계를 지배하고 있던 헬라인들을 위해서 쓰였기 때문에 예수님을 인자, 즉 사람의 아들로 드러내고 있습니다. 요한복음은 온 세상 사람들을 위해 쓰인 책이기 때문에 예수님을 하나님의 아들, 생명의 주로 부각시키고 있습니다. 그렇다면 마가복음은 누구를 대상으로 기록한 책일까요? 이구동성으로 로마에 있는 하나님을 믿는 성도들을 위한 것이기 때문에 종으로 묘사되어 그리스도의 섬김을 부각시키고 있습니다. 그래서 별칭이 바로 '소 복음'입니다. 성도들을 특정 짓는 단어가 있다면 바로 섬김(Service), 즉 봉사입니다. 가정을 섬기고, 교회를 섬기고, 사회를 위해 봉사하고, 나라와 온 민족을 위해 자신을 드리는 희생적인 섬김이라고 할 수 있습니다. 대부분 사회 구석구석에서 이름 없이 빛도 없이 섬기는 대부분의 사람들이 그리스도인임을 우리는 잊어서는 안 되고, 우리도 한 부분 섬기는 자로 살아야 합니다. 왜냐하면 그리스도께서 우리 성도들의 모범이 되시기 위해서 섬기는 자로 이 땅에 오셨고 그렇게 실천 하셨기 때문입니다. 막10:45절에 **"인자가 온 것은 섬김을 받으려 함이 아니라 도리어 섬기려 하고 자기 목숨을 많은 사람의 대속물로 주려 함이니라"**(참조, 마20:28)고 했습니다. 이것은 그리스도의 사역을 요약하는 말씀이며, 마가복음서의 핵심 구절이기도 합니다.

마가복음은 마가에 의해서 기록이 되었는데 전통에 의하면 마가는 베드로의 통역관으로서 로마에서 베드로를 따라 다니면서 베드로의 설교를 통역했다고 합니다. 그러다가 베드로가 순교하게 되었을 때 여러 사람이 마가에게 베드로의 설교를 기록해 문서로 만들어 달라는 요청을 하였습니다. 그리하여 그는 베드로의 설교를 통역할 때의 말씀을 기억하여 문서를 저술 했는데 그것이 바로 마가복음이 되었습니다. 그러므로 마가복음은 실제로 베드로의 예수님에 대한 증거라고 할 수 있습니다. 베드로는 어부였고, 학문이 짧았기 때문에 복잡한 것을 좋아하지 않았습니다. 그래서 마가복음은 논쟁이나 복잡한 이슈가 없고 이야기식(story-telling)으로 단순화되어 있는 것이 특징입니다. 저는 마가복음서에 기록되어 있는 그리스도의 행적을 살피면서 이 시대에 우리에게 주고자 하는 진리를 찾아 나누고자 합니다.

하나님의 아들, 예수 그리스도

마태복음과 누가복음은 유대인들과 이방인들을 위해 쓰였기 때문에 예수님의 족보와 탄생기사가 상세하게 기록이 되어 있지만 마가복음서는 앞서 언급한바 대로 이미 믿는 로마에 살고 있었던 기존 성도들을 염두에 두고 쓴 것이기 때문에 족보나 탄생기사가 나오지 않고 바로 '하나님의 아들 예수 그리스도의 복음의 시작이라'

고 선언하면서 출발하고 있습니다. 여기에서의 핵심은 바로 '복음' (εὐαγγέλιον), 즉 기쁜 소식, 복된 소식에 관한 것입니다. 사람들은 이 세상의 가치를 가지고 돈 잘 벌고, 높은 지위에 오르고, 좋은 물건 싸게 사고, 자녀들 탄탄한 직장 들어가고, 승진하고, 아름다운 배필 만나고 하는 등을 좋은 소식으로 여기지만 성경에서는 그러한 것이 좋은 소식이 아니라 인간의 근본 문제를 해결 하신 하나님의 아들 예수 그리스도 그 분이 바로 복된 소식 자체임을 말씀하고 있습니다.

그리스도가 왜 복음이며 우리에게 왜 복음이신 그리스도가 필요한지에 대한 깊은 이해와 인식이 있어야 합니다. 성경을 펼치면 첫 페이지에서 하나님께서 인간을 창조하신 이야기가 나옵니다. 그리고 나서 두 페이지 뒤에는 인간이 죄를 범하여 타락함으로 죽음에 이르게 된 사실을 기록하고 있습니다. 역사는 생명을 주시려는 하나님의 의지와 죽음을 선택하는 인간의 의지가 교차되어 나오는 이야기입니다. 인간은 자신들의 의지로 선택한 불순종의 길로 인하여 죽음에 이르게 되어 비참한 삶을 살게 되었습니다. 우리가 죽는다는 말을 할 때 그것은 단순한 생물학적인 기능이 정지되는 것을 의미하는 것이 아닙니다. 생명과 죽음은 비유적인 차원에서 미묘한 함축적인 의미를 풍부하게 지니고 있습니다. 죽음은 바로 관계의 단절이며 분리입니다. 하나님과의 분리, 사람과의 분리와 단절이 바로 죽음입니다. 이 단절로 인하여 온갖 죄악과 허물이 파생되었습니다. 문학자며 철학자였던 키엘케고르는 죄는 '죽음에 이르는 병' 이라고 했고, 우리 시대의 사무엘 베케트(S. Beckett)는 '인간은 치명적인 질병에 걸려 있다' 라고 묘사했습니다. 바울의, 인간은 허물과 죄로 죽었다는 (엡 2:1) 말은 조금도 과장이 아닙니다. 이러한 사망의 몸에서 자기를 건져 낼 자가 없다는 것을 깨닫게 될 때 바울은 **"이 사망의 몸에서 누가 나를 건져내랴?"**고 탄식하고 절규하게 된 것입니다(롬 7:24). 이 고뇌는 한 사람만의 절규로 끝나는 것이 아니라 인간 상황에 정직하게 대면하는 모든 이에게 공통된 것입니다.

이러한 비참한 현실에 처해 있는 우리에게 하나님께서는 단절로 인한 불신과 죽음의 문제를 해결하기 위해서 독생자 예수 그리스도를 보내 주신 것입니다. 그 분이 이 땅에 오셨을 때 아무도 그를 메시야로 받아들이지 못했습니다. 하나님은 예수님의 탄생 시부터 하나님의 아들이라는 사실을 알려 주시기 위해서 천사를 보내어 거룩하신 자 성령으로 잉태된 하나님의 아들이라는 사실을 주지시켰습니다. 하지만 사람들은 그를 하나님의 아들로 인정하지 않았고 영접하지도 않았습니다. 도리어 배척하고 박대했습니다. 유대인들은 오실 메시야를 생각했을 때 다윗의 왕위를 계승할 아주 훌륭한 외모를 지닌 존재로 오실 것을 기대했습니다. 그러나 주님의 오심은 너무나 평범했고, 평범하다 못하여 말구유에 태어날 정도로 천민으로, 흠모할 만한 것이 전혀 없는 인간으로 태어나 실망감이 더했습니다. 유대인들의 메시야관은 온몸에 빛이 나고 그 말씀이 천둥을 치는 소리 같고 손짓 하나로 사람들을 죽이기도 하고 살리기도 하는 그런 능력의 천사 같은 존재였을 것입니다. 주님은 평범한 한 인간으로 오셔서 30세에 허름한 옷 한 벌 걸치고 나타나셔서 자신이 하나님의 아들이라고 증언했으니 아무도 그를 믿으려고 하지 않았습니다. 심지어 3년 동안 따라 다니며 예수님의 삶과 말씀을 가르침 받았던 제자들조차도 그를 하나님의 아들로 믿지 못했고, 십자가에 처형된다는 말씀의 의미조차 깨닫지 못하고 결국 자신들의 옛 생활터전으로 복귀하고 말았습니다. 그러나 십자가의 죽음 이후 3일 만에 부활하심으로 제자들은 예수님이 하나님의 아들이심을 믿게 되었고 확신하게 되었습니다.

주님을 우리가 생각하는 것과 같이 모든 것을 한꺼번에 다 해결해 주시는 권세와 능력을 가지신 분으로만 생각하면 그를 믿을 수 없고 따를 수 없습니다. 어쩌면 아무 힘이 없고, 천하고 겸손하여 별 볼일 없는 분으로 우리에게 다가 오시는지 모릅니다. 병든 사람 금방 고쳐주시는 소문난 의사로, 사업에 실패하여 실의에 차 있을 때 금 나와라 뚝딱하면 하늘에서 돈다발을 쏟아주는 분으로, 여러 가지 시험과 어려움에 처해 있을 때 금방 그 문제를 쉽게 해 주시는 해결사로 생각하면 그를 믿을 수 없습니다. 하나님의 아들 예수 그리스도는 인간의 근본적인 죄의 문제, 하나님과의 관계 문제를 해결해 주심으로 다른 여타의 문제를 해결해 주시는 분으로 알고 믿을 때 참 신앙인이라고 할 수 있습니다. 죄인들의 친구가 되셨고, 소외당한 자들의 손을 잡아 주시고, 병든 자들을 일으켜 주셨던 주님의 모습은 한결같이 모든 사람이 자신을 하나님의 아들로 인정하고 하나님께 영광을 돌려 드리도록 하기 위한 것이라는 공통분모를 가지고 있습니다.

이 땅에 인간의 모습을 그대로 입고 우리와 함께 하셨던 그 주님을 하나님의 아들로 인정하고 믿고 따른다면 복음의 진수를 깨달은 깊은 경지에 이른 셈입니다.

복음의 시작

오늘 본문에서 저자 마가는 바로 "하나님의 아들 예수 그리스도의 복음의 시작이라"고 선언하심으로 복된 소식의 진앙지가 어디임을 우리에게 소개 해 주고 있습니다. 아방궁과 같은 로마의 궁전이나 예루살렘의 성이 아니라 바로 복음은 광야에서 시작됨을 알려주고 있습니다. 하나님의 소식, 복음의 소식, 기쁨의 소식이 들려진 곳은 거친 광야였습니다. 아무도 살지 않는 광야에서 세례 요한의 사역으로부터 하나님의 복음은 시작이 되었습니다. 사람들이 득실거리며 화려한 조명의 불빛이 찬란하게 비추이는 도심지 한복판이 아닌, 사람들이 관심조차 가지지 않는, 짐승과 새의 울음소리만 들리는 황량한 들판에서 하늘의 메시지가 들려진 것입니다. 마가는 로마에 있는 사람들에게 이 복음을 선언하면서 당시 문명이 제일 발전한 곳은 로마이지만 그 하나님의 음성이 들려진 진앙지는 바로 광야라는 사실을 지적합니다. 그것은 곧 로마는 복음의 변두리임을 상기시키고 있는 것입니다. 별 볼일 없는 나사렛에서 하나님의 아들이 나타나시게 된 것처럼, 인간의 지성과 철학의 상아탑이 있는 헬라나 아테네에서 복음이 시작된 것이 아니라 무식하고 별 볼일 없는 팔레스타인에서 하나님의 나라가 시작된 것이 하나님의 크신 은혜요 섭리임을 천명하고 있습니다.

진정으로 하나님의 도우심과 구원을 경험하는 곳이 바로 광야입니다. 인적은 드물고 먹을 양식과 화려함이 없는 곳이 바로 광야입니다. 하나님께서는 이스라엘 백성들을 출애굽 시킨 후 광야로 보내셨습니다. 이집트 수도를 침공하여 그곳을 탈환하여 점령하도록 하시지 않았습니다. 힘이 없어서도 아니고 능력이 부족해서도 아닙니다. 그 이유를 신명기 8:3절이 밝히고 있습니다. 예수님께서 광야에 나가셔서 40일 동안 금식하신 후에 마귀에게 첫 번째 시험을 받았을 때 마귀의 시험을 물리치신 말씀입니다. **"사람이 떡으로만 사는 것이 아니라 여호와의 입에서 나오는 모든 말씀으로 사는 줄로 너로 알게 하려 하심이니라"**(마4:4).

우리는 너무나 가난하게 자라 왔고 그렇게 살았기 때문에 먹는 양식만 풍족하면 행복할 줄 알았습니다. 밤낮을 모르고 열심히 별을 보면서 나가고 별을 보고 들어오면서까지 물질을 구하면서 잘 살기 위해 노력했습니다. 세계 어느 나라도 흉내 내지 못할 정도로 아주 짧은 기간 내에 한강의 기적을 이루어 내었습니다. 정말 장한 민족이요, 근면 성실한 국민입니다. 너무나 자랑스럽고 자부심과 긍지를 가지게 됩니다. 그러나 지금 우리의 내적 행복 지수는 얼마입니까? 자살 왕국이 되었고 여유가 없는 세상에서 불안과 두려움에 사로잡혀 있습니다. 삶을 위한 물질이 필요하고 열심히 노력해서 적당한 수입이 있어야 합니다만 그렇지 못하면 의식주 문제가 생기게 되고 자녀교육과 노후생활에 대책이 없게 됩니다. 어쩌면 어려움을 당하게 될지 모릅니다. 하나님은 인간의 이러한 기우를 없애기 위해 이스라엘 백성들을 40년간 농사짓지 않고도 살 수 있도록 했으며, 길쌈하지 않아도 옷이나 신발이 해어지지 않게 하였습니다. 만나와 메추라기를 통해서 배부름을 입게 했고, 사람이 떡만 아니라 하나님의 말씀에 순종하며 그를 의지하며 사는 것이 복된 삶임을 증명해 보여 주었습니다. 광야는 사람들로부터 철저하게 소외된 곳이기 때문에 다른 사람들의 손길이나 오아시스를 만나지 않으면 생존이 불가능한 곳입니다. 인간 스스로 대책을 강구할 수 없는 곳이 바로 광야이기 때문에 하나님의 도움의 손길, 인도가 있어야 생존이 가능합니다. 그렇기 때문에 인간은 광야에서 한없이 초라해지고, 가난해지고 겸손해지므로 하나님의 능력을 체험할 수 있습니다. 복음은 바로 광야에서 시작하는 것입니다. 주님도 광야기도 후에 하나님의 나라를 전파하시며 본격적인 사역을 시작하셨고, 세례 요한도 광야에서 복음을 전하기 시작했습니다. 구약 시대로 거슬러 올라가면 모세도 광야에서 하나님의 부름을 받아 이스라엘 구원자로 등극하였습니다.

광야는 우리를 한없이 겸손하게 만들고, 참 기쁜 소식인 그리스도를 목말라 간구하므로 생명을 얻는 시발점이 됩니다. 그렇다고 우리가 광야로 나갈 필요는 없습니다. 아브라함을 광야로 몰아가셔서 훈련과 단련을 통해 철저하게 하나님만 의지하게 하셔서 사용하시듯이 우리를 광야로 이끄셔서 복음의 능력을 경험하게 하십니다. 넉넉할 때는 하나님의 복음에 목말라하지 않습니다. 건강하거나 어려움이 없을 때는 하나님에 대한 갈증이 없습니다. 그러나 광야와 같이 사람들이 다 내 곁을 떠나고 홀로 남았다는 고독과 소외를 경험할 때 하나님께 부르짖게 되고 그 분의 손길을 기다리면서 그 분의 말씀에 귀 기울이게 되는 것입니다. 진정한 복음의 시작은 바로 우리가 광야에 처해 있을 때입니다. 그러므로 광야는 그리스도인들이 하나님의 도우심과 인도함과 보호를 받는 복음의 진원지입니다.

마가복음은 순수한 복음의 메시지로 가득 차 있습니다. 원초적인 복음을 통해서 이 시대에 영에 목말라하는 성도들이 해갈을 받고 복음 안에 진정한 자유와 평안을 누리시기를 바라며, 그리스도의 섬김처럼 가정과 사회 그리고 교회와 하나님 나라를 위해서 주어진

처소에서 종의 도를 다 할 수 있기를 소원합니다. 복음은 바로 예수 그리스도가 하나님의 아들로서 이 땅에 오셔서 십자가의 죽음으로 죄를 없이해 주시고 사망의 권세를 깨뜨리시고 승리하는 것입니다. 이러한 하나님 아들 예수 그리스도의 복음 외에는 이 세상에 그 어떤 기쁜 소식이 있을 수 없습니다. 이 소식을 우리도 가까이에 있는 분들부터 먼 곳에 있는 사람들에게까지 전할 수 있는 증인들이 되어야 할 것입니다. 복음만이 살 길이며 모든 변혁을 위한 기초석이 됩니다.

Chapter 2

세례 요한의 삶
(Baptist John, his life)

마가복음 1:2-3, 6

선지자 이사야의 글에 보라 내가 내 사자를 네 앞에 보내노니 그가 네 길을 준비하리라 광야에 외치는 자의 소리가 있어 이르되 너희는 주의 길을 준비하라 그의 오실 길을 곧게 하라 기록된 것과 같이
요한은 낙타털 옷을 입고 허리에 가죽 띠를 띠고 메뚜기와 석청을 먹더라

하나님의 아들 예수 그리스도의 복음의 시작을 알린 마가복음은 바로 세례 요한의 이야기로부터 시작하고 있습니다. 모든 복음서가 그리스도의 탄생과 그의 존재를 먼저 말씀함으로 시작된다면 마가는 특별한 방법으로 예수 그리스도를 준비하기 위해 이 땅에 보냄 받은 세례 요한을 언급함으로 복음의 신호탄을 쏘고 있습니다. 세례 요한은 그리스도의 오심에 중요한 위치에 있고 그의 역할이 대단했기 때문에 그에 대해서 지면을 꽤 할애해서 우리에게 설명을 해 주고 있습니다. 세례 요한은 예수님보다 6개월 먼저 태어나서 예수님의 오심을 준비하는 자로 그 존재의 가치를 드러내고 있습니다.

한 시대를 깨우는 선각자의 외침은 많은 사람들에게 선한 영향력을 미치게 되고 기울어져 가는 세대의 흐름을 바로 잡아 올바른 방향으로 나아가게 합니다. 오늘 우리 시대는 진정한 리더가 없다는 말을 많이 듣습니다. 마치 홍수가 나면 마실 물이 없는 것과 같이 모두가 다 좋은 리더라고 외치고 있지만 따를 만한 지도자가 없는 것이 안타까운 현실입니다. 세례 요한의 삶과 사역을 살펴보면서 우리의 삶도 어떻게 살면 옳은 것인가를 조명해 보고자 합니다.

구약 예언의 성취

복음의 소식을 알리는 신호탄은 바로 예비된 광야의 소리, 즉 세례 요한입니다. "보라 내가 내 사자를 네 앞에 보내노니 그가 네 길을 준비하리라 광야에 외치는 자의 소리가 있어 이르되 너희는 주의 길을 준비하라 그의 오실 길을 곧게 하라" 이것은 이사야 선지자가 약 800년 전에 예언한 사실을 확증하고 있습니다(사40:3). 유진 피터슨은 그의 현대어 말로 이렇게 예언을 쉽게 풀어서 전하고 있습니다. "잘 보아라 내가 네 앞에 내 설교자를 보낸다. 그가 네 길을 평탄하게 할 것이다. 광야에서 외치는 소리여! 하나님 오심을 준비하여라! 길을 평탄하고 곧게 하여라" (Watch closely: I am sending my preacher ahead of you; He will make the road smooth for you. Thunder in the desert! Prepare for God's arrival! Make the road smooth and straight!). 아주 쉽고 분명하게 이사야의 예언을 풀어내고 있습니다.

　옛날에는 왕이 행차하기 전에 먼저 사신을 보냈습니다. 그래서 행인들이나 잡상인들을 통제해 왕이 안전하게 나갈 수 있게 하고, 길에 장애물이 없도록 철저하게 준비했습니다. 요사이도 국가수반이 움직이게 되면 미리 교통을 통제하고, 안전 요원들이 신변 보호를 위해 모든 조치를 취하는 것을 보게 됩니다. 이처럼 하나님께서 왕이신 그리스도(메시야)를 이 땅에 보내시어 그의 사역을 하시기 전에 광야에 세례 요한을 보내어 그의 오심을 준비하도록 하실 것을 미리 성경에서 말씀하고 계시는 것입니다. 이 예언대로 때가 차며 세례 요한이 와서 그리스도의 길을 미리 준비하신 것입니다. 하나님께서 인간을 구원하시기 위해 그리스도가 행차하시기 전에 요한을 통해서 그 사실을 만방에 알리도록 하신 것입니다. 광야에는 길이 없어 순례자들이 자칫 방향을 잃어버리고 방황하다가 죽을 수 있기 때문에 하나님께서는 요한을 미리 보내시어 바른 길, 올바른 첩경을 갈 수 있도록 안내자 역할을 하도록 하신 것입니다. 이것은 인류를 위한 커다란 하나님의 배려였습니다. 영국 런던에 위치하고 있는 대영박물관에 가면 이집트 문명을 전시한 곳에 눈길을 끄는 한 미라가 있습니다. 그 미라는 사막에서 길을 잃어버려 모래 위에 그대로 말라 버린 시체입니다. 어른이 아니라 청소년 정도 되는 나이의 미라입니다. 길을 잃고 그냥 사막에서 헤매다가 말라버린 미라입니다. 사막과 광야는 반드시 길을 안내하는 인도자가 있어야 합니다. 광야와 같은 세상에서 하나님께로 나아가기 위해서 그리스도가 구원자 되심을 알도록 하기 위해서는 외치는 자의 소리, 광야의 안내자가 있어야 하는데 그가 바로 세례 요한입니다. 하나님은 이사야를 통해서 그 사실을 미리 알리시고 그리스도가 오시기 전에 요한을 세워 그 사역을 감당하게 하신 것입니다. 하나님의 말씀은 일점일획도 변함이 없고, 그의 약속은 반드시 성취된다는 사실을 입증하고 있습니다. 어떤 예언은 빨리 이루어지지만 어떤 약속은 시간이 더디어 인내가 필요한 것도 없지 않습니다. 성취시간의 장단은 있을 수 있지만 내용 자체는 반드시 이루어진다는 것을 믿어야 합니다. 성경에 기록된 하나님의 말씀은 하나도 땅에 떨어지지 않습니다. 우리는 하나님의 말씀을 들을 때 바른 길, 바른 방향을 찾아 아버지 하나님께로 나아가게 되고, 인생의 올바른 삶을 살 수 있게 됩니다. 말씀을 사랑하고 순종하는 주의 백성들이 되어야 하고, 다른 사람들에게 하나님의 나라 소식을 힘 있게 전해야 할 것입니다. 왜냐하면 진실된 하나님의 말씀은 그대로 이루어지기 때문입니다.

그의 삶

요한은 정규적인 교육을 받은 선생(랍비)이나 정치인이나 그 당시 종교 지도자가 아니라 가정과 광야에서 수업을 받은 자연인이었습니다. 먼저 그는 경건한 제사장 가정에서 자라서 인성과 사람됨이 바로 갖추어져 있었습니다. 어린 시절을 망나니로 자란 것이 아니라 하나님을 경외하는 경건한 가정에서 올바르게 성장한 청년(靑年)이었습니다. 사명을 위해서 광야의 소리로 사역을 시작하면서 약대로 만든 털옷을 입고 단순하게 생활을 시작했습니다. 두벌 세벌 씩 옷장에 두고 계절이 바뀔 때 마다 갈아입을 수 있는 무스탕이 아니었습니다. 가장 질기고 거친, 그러면서 자신의 몸을 보호 할 수 있는 오래 입을 수 있는 옷이었습니다. 허리띠는 가죽제품이었습니다. 십년 이십년 쓸 수 있는 질긴 벨트였습니다. 음식은 메뚜기와 석청, 즉 토종 야생 꿀이었습니다. 자연식을 하면서 건강을 유지했고, 광야에 살기 위한 생존 전략으로 그러한 모습으로 살 수 밖에 없었습니다. 그는 어릴 때 제사장 사가랴와 부인 엘리사벳의 가정에서 태어났기 때문에 엄격한 율법으로 훈련을 받았습니다. 그러나 그는 성장하여 제사장의 일반적인 직무에 얽매이지 않고 탄생 시에 천사에 의해 지시 받은 그리스도의 길을 예비하는 자로 광야에 나와서 세상과 구별된 삶을 살았던 것입니다. 그는 복잡하고 규율과 전통에 사로잡힌 틀에 박힌 예루살렘에서의 삶 보다는 사람들이 덜 사는 광야에서 하나님의 말씀을 붙잡고 씨름하면서 하나님의 말씀으로 산다는 진리를 체득하면서 그리스도의 오심을 준비하고 있었습니다. 그는 궁중의 진미나 화려한 현대 문명에서 벗어나 철저하게 하나님과 벗하면서 그의 사명에 충실했던 것입니다.

    우리가 세상 속에서 살지만 세상의 것에 심취하거나 즐기면서 살면 하나님과 멀어지고 자신이 받은 사명에 충실할 수 없습니다. 좀 구별되고 청빈한 영성을 구비할 때 하나님 나라에 쓰임 받은 일꾼이 될 수 있는 것입니다. 청빈은 가난하게 사는 것을 의미하는 소극적인 개념이 아닙니다. 그렇다고 속세를 떠나서 혼자 산속이나 토굴에 사는 것도 아닙니다. 이것은 좀 더 적극적인 개념에서 사람들이 잘 가려고 하지 않는 곳, 사명을 위해서 선교지로 가서 광야의 삶을 사는 사람들과 어울려 그들의 길을 안내하는 역할을 감당하는 개념에서의 청빈입니다. 사회에서 성공하여 많은 물질을 얻은 분들 중에서 자기 자신만을 위해서 사는 사람은 대부분 얼마 가지 않아서 타락의 길을 걷지만, 광야와 같은 오지나 가난한 아프리카나 동남아시아 지역에 가서 나누며 베푸는 삶을 사는 자는 그 명성이 오래가고 사람들의 존경을 받으면서 하나님의 나라에 기여하는 것을 볼 수 있습니다. 예를 들면 기아대책의 탤런트 고은아 권사님, 샘병원 명예홍보대사 정애리 권사님, 월드비전의 김혜자 권사님 등 많은 분들이 선한 일을 위해 광야로 나가서 일하시고 계시며 우리는 이러한 모습을 보면서 감동을 받습니다. 많은 연예인들이 호의호식하면서 자기의 안락과 편안한 삶을 사는데 반해 이들은 광야의 삶을 통해 하나님의 나라를 이루어 가고 있습니다. 성도는 금욕과 절제 그리고 청빈의 삶을 실천해야 합니다. 한국 기독교 역사를 보면 조선에 온 초기 미국인 선교사들은 대부분 엄격한 청교도 신앙을 가지고 있었습니다. 춤, 담배, 심지어 카드놀이까지 죄로 여기는 사람들이었고, 그들의 눈에 비친 조선인들은 "다만 아편만 하지 않는" 수준이었습니다. "조선인들은 인생의 단 한 가지 목적만을 가지고 있는데, 바로 많은 양의 소주를 살 수 있을 정도로 충분히 돈을 버는 것"이라는 선교사 알렌의 기록도 있습니다. 이 때문에 선교사들은 주일성수, 축첩과 제사중지, 노름중단 및 금주금연을 세례의 가장 중요한 조건으로 걸었습니다. 논리적으로는 몸=성전, 경제력 증진=문명부강, 그리고 심신 건강 등의 이유를 들었습니다. 당시 새문안교회 당회록 등의 기록을 보면 음주흡연을 하다 적발될 경우엔 당회에서 권면하고 기도해 주었으며 반복적으로 적발된 경우는 처벌하기도 했습니다. 개별 교회 단위의 금주금연 운동은 1920년대에 접어들면서 범 교단적이고 전국적인 '절제운동'으로 확산됐고 감리교는 1921년 각 지방에 순회 강연대를 파견해 금주운동을 폈으며, 1923년부터 매년 10월 첫째 일요일을 '전조선 절제주일'로 정하고 그날 헌금은 절제 사업에 사용하도록 했습니다. 장로교도 1924년에 '기독교 청년 면려회 조선연합회'를 창립하고 산하에 '계독부(戒毒部)'를 뒀습니다. 또 조선기독교절제운동회, 금주단연동맹 등 개신교 단체들이 조직돼 강연회와 가두선전 등을 펼치면서 금주와 금연은 한국 개신교를 상징하는 생활습관으로 확고해졌습니다. 1927년 황주에서 주일학교 세계대회가 열렸는데 여기서 주마정벌총사령부(酒魔征伐總司令部)가 조직되었습니다(사령관: 송상석, 총참모장: 홍성창).

> 〈표어〉
> 1. 조선의 구원은 금주에 있다.
> 2. 술(酒)은 악마의 흉기이다.
> 3. 교육과 산업과 경제는 금주운동으로 구조한다.
> 4. 조선교회는 금주의 성지이다.

이 표어대로 실천하기 위하여 주마 돌격대를 결성했고 돌격대장은 송상석 목사가 맡았습니다. 그리고 1932년에 정식으로 한국기독교 절제회가 총회에서 인준을 받았습니다. 분명한 사실은 초기 기독교인들은 단순히 선교사들의 권유에 따라 금주와 금연을 했다기보다는 스스로의 이성적 판단에 의해 결행해 사회적 운동으로 발전시킨 것이라는 점입니다. 또한 금주금연은 개인의 개조와 사회의 정화를 도모하는 도구로 이해되면서 절제운동으로 발전했습니다.

현대를 살아가는 우리는 삶의 절제가 너무 부족합니다. 생활의 순결이나 청빈은 옛 유물이 되고 말았습니다. 오늘 우리는 경건에 이르는 연습을 통해서 육체의 편안함이 아닌 영성을 다듬고 키워가는 성숙함이 있어야 합니다. 많이 배우고 가진 것을 자기만을 위해 쓰는 자가 아닌 고아와 과부를 돌아보며 소외된 사람들을 위해 떼어 베풀 줄 아는 삶이 청빈입니다. 많은 것을 소유하고 있으나 없는 것 같이 살고, 많이 배웠지만 뽐내지 아니하는 삶이 청빈이며, 그리스도를 위해서, 복음을 위해서 자기의 것을 드릴 수 있는 삶이 바로 세례 요한이 살았던 삶입니다. 그렇게 하기 위해서 뼈아픈 절제를 통한 자기 통제가 있어야 합니다.

Chapter 3

세례 요한의 사역

(His ministries)

마가복음 1:4-8

세례 요한이 광야에 이르러 죄 사함을 받게 하는 회개의 세례를 전파하니 온 유대 지방과 예루살렘 사람이 다 나아가 자기 죄를 자복하고 요단 강에서 그에게 세례를 받더라 요한은 낙타털 옷을 입고 허리에 가죽 띠를 띠고 메뚜기와 석청을 먹더라 그가 전파하여 이르되 나보다 능력 많으신 이가 내 뒤에 오시나니 나는 굽혀 그의 신발끈을 풀기도 감당하지 못하겠노라 나는 너희에게 물로 세례를 베풀었거니와 그는 너희에게 성령으로 세례를 베푸시리라

세례 요한은 구약과 신약시대 중간기인 암흑기(400년)를 지나 그리스도를 통해서 성취될 새 시대의 서막을 알리는 구약의 마지막 선지자였습니다. 예수님은 그의 사역의 중요성과 위치 때문에 마 11:11절에 **"내가 진실로 너희에게 말하노니 여자가 낳은 자 중에 세례 요한보다 큰이가 일어남이 없도다"** 라고 칭찬해 주셨습니다. 한 인간이 태어나 자신에게 주어진 사역에 대해 한 점 부끄러움 없이 잘 수행한다는 것은 너무나 귀한 일임이 분명합니다. 칭찬 받고 존경을 받

아야 마땅한 사람입니다. 어떤 사람은 귀한 직분과 높은 위치를 얻었지만 자신의 욕심과 명예심 때문에 사역을 잘 이루지 못하고 중도에 하차하는 경우도 있는데 말입니다.

광야의 외치는 소리로 나타난 세례 요한은 자신이 해야 할 사역이 무엇인지를 정확하게 알고 실천한 모델케이스입니다. 그의 사역의 현장과 내용을 살펴보면서 우리도 주어진 영역 가운데서 어떻게 사역해야 할 것인가를 생각해 볼 수 있는 시간이 되었으면 합니다.

세례 베푸는 사역

세례 요한은 광야에서 **"죄 사함을 얻게 하는 회개의 세례"**를 전파했습니다(4). 마가는 요한이 베푼 세례를 "죄의 용서를 위한 회개의 세례"라고 불렀습니다. 예수 그리스도를 통해서 이 땅에 시작된 하나님 나라는 자기 죄를 회개하고, 예수님을 영접한 사람들만 들어갈 수 있는 나라입니다. 이 나라는 혈통이나 육정이나 사람의 뜻으로 들어갈 수 없으며 오직 믿음으로만 들어갈 수 있습니다. 그러므로 세례 요한은 백성들에게 그들의 죄를 회개하고 가난한 마음을 준비할 수 있도록 촉구했습니다. 그는 유대 백성들에게 형식적인 신앙을 버리고 진실된 마음으로 하나님께 순종하라고 외쳤습니다. 그 당시의 종교인들은 오랜 기간 동안 익숙해진 신앙의 틀로 인하여 형식에 너무 많이 얽매여 있었습니다. 아브라함을 조상으로 모시고 있으면 자동적으로 구원을 얻을 수 있는 하나님의 백성됨을 자랑했습니다. 기도나 금식도 다른 사람에게 보이려는 외식적인 모습이 너무 많았습니다. 그리고 구제나 부모 공경도 성경보다 전통과 장로의 유전에 더 치중했습니다. 이러한 종교형식에 빠져 있는 사람들을 향하여 세례 요한은 그들의 죄를 지적하고 시정함으로써 용서 받을 것을 촉구했습니다. 그리고 그는 진심으로 회개하고 하나님께 돌아오는 사람들을 위해서 요단강에서 세례를 베풀었습니다. 그때에 그는 공개적으로 회개하고 세례를 받은 사람들은 용서를 받지만, 이를 거절하는 자에게는 심판의 도끼가 뿌리에 놓였으며 엄중한 심판이 있을 것이라고 경고했습니다.

성령에 사로잡혀서 외치는 세례 요한의 부르짖음을 듣고 '수많은 사람들이 요단강으로 나아가서 자기 죄를 고백하고 세례를 받았습니다'(5). 전통적으로 유대인들은 세례를 받지 않았습니다. 왜냐하면 세례는 이방인들이 개종할 때에 받는 것이기 때문입니다. 그러나 예수님을 통해서 이 땅에 시작된 하나님의 나라는 유대인이나 이방인을 막론하고 누구든지 죄를 회개하고 믿음으로 들어가는 나라입니다. 그러므로 세례 요한은 유대인들에게도 이방인들과 똑같이 회개의 세례를 요구했습니다. 예수님을 통해서 이 땅에 시작된 하나님의 나라는 혈통이 아닌 회개와 신앙으로 구원을 받는 나라였습니다. 하나님의 나라는 '회개에 합당한 열매'를 맺는 사람만이 들어갈 수 있는 나라입니다.

그 증거의 핵심은 죄사함 얻는 세례를 통해서 하나님의 백성이 되게 하고, 그리스도의 통치인 성령의 세례를 통해서 새로운 나라의 시민으로 살도록 무장시키는 것이었습니다. 그는 죄의 문제를 해결하는 방법은 바로 회개하고 씻음을 받는 것 외에는 없다는 것을 알고 회개하고 죄사함의 표시인 세례를 받을 것을 주문하면서 외쳤습니다. 죄의 문제가 선결되어야 자신 뒤에 오시는 복음 자체이신 그리스도를 영접하게 되고 하나님께 나아갈 수 있었기 때문이었습니다. 죄를 가지고는 거룩하신 하나님과 그 분의 아들 예수 그리스도에게 나아갈 수 없습니다. 죄는 하나님과 더 멀어지게 하고 우리의 눈을 어둡게 하여 죄악의 깊은 늪에 빠지도록 만듭니다. 그래서 죄를 짓는 사람은 자신을 처음에는 방어하려고 합니다. 그러나 나중에 가면 헤어 나올 수 없는 깊은 수렁에 빠져 영원한 멸망의 길로 달려가게 됩니다. 죄는 사람들의 삶을 불행하게 만들고, 인간의 참다운 가치를 따라 살지 못하게 합니다. 종교생활도 본질적인 것에 충실하지 못하게 하고 껍데기만 붙잡고 살다가 자신과 모든 사람들을 속이고 결국 패망의 길로 가게 합니다.

세례의 차별화

세례 요한은 자기 뒤에 오시는 예수님이 '능력이 많으심'을 증거했습니다. 자신은 예수님의 신발 끈 매는 것도 감당할 수 없는 비교의 대상이 안 되는 존재라 여겼습니다. 이것은 그의 겸손의 극치요 자기의 정체성에 대한 고백이었습니다. 샌들의 끈을 매고 푸는 일은 가장 천한 종이나 하인들이 하는 것이었습니다. 자신은 하인보다 더 못한 죄인임을 인정한 것입니다. 자칫 자신의 사역에 매혹되어 자신에게 쏠릴 수 있는 시선을 예수님께 돌리도록 여론을 몰아갔습니다. 이것이 사역자의 자세요, 겸손한 태도입니다. 자신의 위치를 모르고 인기몰이를 하는 것은 교만입니다. 예수님은 성령으로 세례를 주실 분임을 증거했습니다. 죄를 씻어 성령의 지배를 받게 하는 일이 그리스도의 주된 사역임을 증거했습니다. 성령세례는 물세례와 비교되는 것으로 물세례는 죄를 씻는 증거의 의식이라면 성령세례는 단순한 씻음으로 끝나는 것이 아니라 성령의 내주를 통해서 내 속에 역사하시는 하나님의 전적인 다스리심의 시작 상태를 의미하며, 그것으로 인하여 하늘백성이 되어 하나님의 사람으로 살아가는 것을 작정하는 의식입니다. 물세례는 우리의 옷을 씻는 행위라면 성령세례는 우리의 몸을 씻는 것으로 비유될 수 있을 것입니다. 아무리 새 옷을 사서 입어도 몸을 씻지 않은 이상 깨끗해 질 수 없는 것과 같습니다. 세례 요한은 옷을 빠는 역할을 했다면 그리스도는 목욕을 시키는 사역을 하실 것이라는 말씀입니다.

실례로 바울이 선교하기 위해서 에베소 지방에 갔을 때에 그 곳에서 몇 명의 제자들을 만났습니다. 그때에 바울은 그들에게 **"너희가 믿을 때에 성령을 받았느냐?"**고 물었습니다. 그러자 그들은 이렇게 대답했습니다. **"우리는 성령이 있음도 듣지 못했도다!"** 그러자 바울은 그러면 **"너희가 어떤 세례를 받았느냐?"**고 물었습니다. 그러자 그들은 자신들이 **"(세례)요한의 세례를 받았다"**고 대답했습니다. 그 때에 바울은 그들에게 이렇게 말했습니다. **"너희 선생 요한이 '내 뒤에 오시는 이를 믿으라'** 고 가르쳤다. 그런데 그 분이 바로 예수님이다. 그들은 바울의 설명을 듣고 즉시 예수님의 이름으로 세례를 받았습니다. 바울은 그들에게 세례를 주고 안수를 했습니다. 그때에 그들에게 성령이 임하였으며, 그들은 방언과 예언을 했습니다. 그 때에 바울로부터 세례를 받은 사람은 12사람 정도 되었습니다(행19:1-7).

이와 같이 요한이 무리들에게 주었던 물세례는 주님의 사역을 준비하는 것이었다면 주님께서 베푸실 성령세례는 그를 믿음으로 죄사함 받고, 하나님의 자녀가 되게하는 주 사역이었습니다. 오순절에 베드로는 죄를 회개하고 예수님을 믿고 세례를 받고 죄사함을 받는 사람은 누구든지 성령을 선물로 받을 것이라고 설교 했습니다(행 2장). 죄를 회개하고 예수님을 믿는 사람에게 성령을 선물로 주시겠다는 약속은 온 세상 사람들에게 똑같이 주어진 약속입니다. 요한이 준 물세례가 예수님의 사역을 준비하는 것이었고, 또 예수님의 사역의 그림자였다면, 예수님의 세례는 실제 사역이고 세례 요한의 사역의 원형이라고 할 수 있습니다. 세례 요한이 물세례를 통해서 사람들을 주님께로 인도했다면, 예수님께서는 그들을 구원하여 하나님의 자녀가 되게 하시고, 그들에게 성령을 선물로 주셨습니다.

예수님의 성령 세례 사역은 죄 씻음 받음의 차원을 넘어서 성령의 기름 부으심을 통해서 하나님의 통치가 이루어지고, 기쁨과 환희를 누리게 될 새로운 차원의 성도들의 특권을 말하는 것입니다. 우리는 믿고 구원 받은 것으로 만족해서는 안 되고 성령의 기름 부으심을 받음으로써 전적으로 성령의 지배를 받아야 합니다. 하나님의 아들 예수 그리스도를 통해 양동이로 물을 부어 몸을 깨끗하게 함과 같이 성령께서는 우리의 죄를 씻어 거룩한 하나님의 자녀로 살게 하시는 것입니다. 찬송 192장 2절에 이렇게 적고 있습니다.

'임하소서 임하소서 불과 같은 성령이여, 불의 혀로 임하셔서
진리 알게 하시옵고.
불 세례를 베푸시어 죄의 뿌리 소멸하사, 거룩하고 깨끗하게
변화시켜 주옵소서'

오늘 우리도 광야와 같은 세상에 보냄을 받은 주의 백성들입니다. **"너희는 가서"**(마28:19) 라고 하신 말씀과 요17:18절에 **"아버지께서 나를 세상에 보내신 것같이 나도 저희를 세상에 보내었고"**는 바로 우리가 세상에 보냄을 받은 사람들이라는 것을 일깨워주는 것입니다. 성도는 세상의 빛이요 소금이지 교회 안이나 가정 안의 빛과 소금이 아님을 말씀합니다. 보냄 받았다는 소명이 없이는 그리스도인으로서 제대로의 삶을 살 수 없습니다. 광야와 같은 거친 세상 속에 보냄을 받은 자로서 구별된 삶과 절제된 삶을 통해 세상에 심취되지 말고 소명에 충실한 삶을 살아야 합니다. 그리스도를 통해서 죄

사함과 하나님의 통치를 이루는 복음을 전하는 삶을 살아야 합니다. 그것이 바로 하나님 백성들의 정체성이요 존재가치입니다. 이 세상의 그 누구도 복음이 없이는 올바르게 살 수 없고 인생의 참된 가치를 알 수 없습니다.

세례 요한은 요단강을 중심으로 죄 사함의 회개의 외침과 세례를 줌으로써 하나님 나라의 도래를 알리고 그리스도의 오심을 예비하는 사역을 감당했습니다. 하나님 나라, 즉 그리스도께서 세우는 새 질서의 사회는 죄가 있으면 이루어지지 않습니다. 제일 먼저 해야 할 것이 자신 속에 있는 죄와 허물을 그리스도의 십자가로 이루신 보혈의 샘에 씻음을 받는 것이며, 이를 통해 새 나라의 백성으로 입성할 수 있습니다. 찬송 258장 1절에 보면

'샘물과 같은 보혈은 주님의 피로다 보혈에 죄를 씻으면 정하게 되겠네 정하게 되겠네 정하게 되겠네 보혈에 죄를 씻으면 정하게 되겠네'

라고 기록하고 있습니다. 다른 것으로는 죄의 문제를 해결할 방도가 없습니다. 종교다원주의에 우리가 물들면 안 됩니다. 존 스토트 (J. Stott)는 그가 최근에 지은 마지막 책 '제자도'에서 이 사실에 대해서 유언처럼 이야기 하고 있습니다.

'우리는 다원주의의 정신에 어떻게 대응해야 하는가? 예수 그리스도의 유일성과 최종성은 계속해서 주장해야 한다. 그 분의 성육신이 유일하며(그 분은 한 분이자 유일하신 신인(God-man) 이시다), 그 분의 속죄가 유일하며(그 분만이 세상의 죄를 위해 죽으셨다), 그 분의 부활이 유일하기 (그 분만이 죽음을 정복하셨다) 때문이다. 그리고 나사렛 예수 외에는, 하나님이 인간이 되시고(탄생), 우리의 죄를 담당하시고(죽음), 죽음을 이기신(부활) 이가 없으므로, 오직 그 분만이 죄인들을 구원할 자격이 있으시다.'

이 진리를 우리도 세상을 향하여 분명하게 외치고 선포하는 삶을 살아야 합니다. 이것이 우리가 이 땅에 사는 생애의 존재 가치요 분명한 목적입니다. 그러므로 성도들은 주님을 통해서 주시는 사죄의 은총을 누리는 것으로 만족하지 말고 성령의 충만함과 기름 부으심을 통해서 하늘 사람으로 승리하는 삶, 증인의 삶을 충실하게 살아야 합니다. 사실 성령의 통치 안에 있는 것 보다 더 가치 있고 복된 삶은 없습니다. 성령의 세례를 받고 충만함 가운데 사는 삶이 바로 천국이며, 하나님 나라입니다. 그의 통치를 누리며 사는 삶이 이 세상에서 우리가 맛보는 최고의 행복입니다.

Chapter 4
세례 받으신 예수님
(His baptism)

마가복음 1:9-11

그 때에 예수께서 갈릴리 나사렛으로부터 와서 요단 강에서 요한에게 세례를 받으시고 곧 물에서 올라오실새 하늘이 갈라짐과 성령이 비둘기 같이 자기에게 내려오심을 보시더니 하늘로부터 소리가 나기를 너는 내 사랑하는 아들이라 내가 너를 기뻐하노라 하시니라

우리가 함께 읽은 본문은 예수님께서 세례를 받으신 장면입니다. 세례 받으실 때 성령의 기름 부으심을 받으시고, 만백성의 왕으로 세움을 받으셨습니다. 이로써 예수님은 우리의 왕이 되셔서, 우리를 다스리시며, 우리에게 새 왕국시대를 활짝 열어주신 것입니다. 특이한 사실은 삼위일체의 하나님께서 등장하셔서 그리스도의 공적 사역을 선언하시고 동참하셨다는 것입니다. 성자 예수님께서는 세례 받는 주체자로 나타나시고, 성령께서 비둘기 같이 내려오셔서, 성자에게 기름을 부으십니다. 그리고 성부 하나님께서 말씀하시며, 성자의 왕 되심을 공포하셨습니다. 예수님이 하나님의 아들

로써 왕 되심을 선포하는 즉위식과 같은 것입니다. 이제 그리스도는 너희들이 기다리는 메시아로써 그의 나라를 다스릴 것을 만방에 천명하신 사건입니다. 예수님의 세례 받으심은 새 시대를 활짝 여는 시발점이었습니다.

세례 받으심

먼저 우리는 이런 질문을 할 수 있습니다. "왜 예수님께서는 세례를 받으셔야 했을까?" 세례 요한이 주는 세례는 죄 사함을 받게 하는 회개의 세례였습니다. 그런데 예수님은 하나님의 아들이시기에, 예수님에게는 아무런 죄가 없으십니다. 예수님은 전혀 회개할 필요가 없으십니다. 그럼에도 불구하고 예수님께서 세례 요한에게 세례를 받으신 이유가 무엇입니까? 이는 예수님에게 세례를 베풀었던 당사자 세례 요한도 도무지 이해할 수 없었습니다. 그래서 그도 처음에는 예수님에게 세례를 베푸는 일을 극구 사양했습니다. 마3:13,14절 **"이때에 예수께서 갈릴리로부터 요단강에 이르러 요한에게 세례를 받으려 하시니 요한이 말려 이르되 내가 당신에게서 세례를 받아야 할 터인데 당신이 내게로 오시나이까"** 에서 여기에 사용된 '말려 (διεκώλυεν)' 라는 동사가 미완료형입니다. 계속해서 말린 것을 뜻합니다. 그 때 예수님이 세례 요한에게 하신 말씀은 무엇이었습니까? 마3:15절에 **"예수께서 대답하여 이르시되 이제 허락하라 우리가 이**

와 같이 하여 모든 의를 이루는 것이 합당하니라 하시니 이에 요한이 허락하는지라."

　예수님께서는 자신이 받는 세례가 모든 의를 이루는 것이라고 말씀하셨습니다. 다시 말해서 예수님은 자신이 세례를 받으심으로써, 하나님께서 요구하시는 모든 의를 이루는 것이라고 말씀하셨습니다. 그러면 예수님께서 받으시는 세례와 하나님이 요구하시는 의와는 대체 무슨 상관이 있습니까? 우리는 두 가지 면으로 생각해볼 수 있을 것입니다. 예수님의 순종과 예수님의 모범입니다.

　1) 예수님께서는 세례를 받으심으로 하나님의 뜻에 온전히 순종하셨습니다. 요1:33 "나도 그를 알지 못하였으나 나를 보내어 물로 세례를 베풀라 하신 그이가 나에게 말씀하시되…. 눅7:30 바리새인과 율법교사들은 그의 세례를 받지 아니함으로 그들 자신을 위한 하나님의 뜻을 저버리니라" 세례 요한은 하나님의 명령에 따라서, 사람들에게 세례를 베풀었던 것입니다. 그럼에도 불구하고 바리새인들과 율법교사들은 세례를 받지 아니했습니다. 결국 그들은 하나님의 뜻을 저버리고 만 것입니다. 그러나 예수님께서는 하나님의 뜻에 순종하셔서, 세례 요한에게 세례를 받으셨습니다.

　2) 예수님은 구약의 할례에 대한 의미를 잘 알고 있었습니다. 할례는 이스라엘 백성이 되는 첫 관문입니다. 하나님의 나라를 이루는 일에 세례가 너무나 중요한 것임을 미리 보여 주신 모범이 되신 것입니다. 하나님의 나라를 이루는 것, 하나님의 뜻에 순종하는 것이 바로 하나님께서 요구하시는 의입니다.

예수님께서는 온전한 순종과 대속의 죽음으로 하나님께서 요구하시는 모든 의를 이루셨습니다. 그 결과 예수님은 그리스도 안에 거하는 우리 모두에게 당신이 이루신 그 모든 의를 주셨습니다. 그래서 우리가 예수님 안에서 의롭다 함을 얻게 된 것입니다. 그러므로 예수님께서 하나님의 뜻에 온전히 순종하신 것처럼, 우리도 하나님의 뜻에 온전히 순종합시다. 또한 그의 백성됨의 의미를 바르게 알고 죄 씻음 받은 은총에 대해 감사합시다.

성령세례

세례 요한은 자기에게 오는 모든 사람들에게 예수님께서 오시면 성령으로 세례를 주실 것이라고 증거했습니다. 죄를 씻어 성령의 지배를 받게 하는 일이 그리스도의 주된 사역임을 선포했습니다. 그의 외침대로 막1:10절에 **"곧 물에서 올라오실 새 하늘이 갈라짐과 성령이 비둘기 같이 자기에게 내려오심을 보시더니"** 라고 적고 있습니다. 예수님 자신이 성령의 충만함을 입을 때 다른 사람에게 성령의 세례를 베풀 수 있었습니다.

눅3:21절에 **"백성이 다 세례를 받을 새 예수도 세례를 받으시고 기도하실 때에 하늘이 열리며"** 예수님께서 세례를 받으시는 동안 하나님께 기도하셨습니다. 예수님은 세례를 받으시는 동안도 줄곧 하나님과 교통하고 계셨던 것입니다. 그 때 하늘이 갈라졌습니다. 하나님께서 예수님의 기도에 응답하신 것입니다.

오늘 본문에 사용된 '갈라지다(σχιζομένους)' 라는 동사의 시제가 현재 분사형입니다. 이는 계속해서 그 동작이 진행되고 있는 것을 뜻합니다. 그러니까 그 곳에 있는 모든 사람들이 바라보는 가운데, 하늘이 점차로 갈라지고 있었던 것입니다. 참으로 놀라운 현상이었습니다. 사64:1 **"원하건대 주는 하늘을 가르고 강림하시고 주 앞에서 산들이 진동하기를"** 이 말씀은 이스라엘 백성들이 하나님께 드린 간구였습니다. 그들은 하나님이 하늘을 가르시고, 그들에게 강림하시기를 기다리고 있었습니다. 말하자면 그들은 메시야, 곧 그리스도께서 하늘에서 강림하시기를 간절히 기다리고 있었던 것입니다. 그런데 구약의 마지막 선지자 말라기 이래로, 하나님은 그 어떠한 선지자도 이스라엘 백성들에게 보내지를 않으셨습니다. 하나님께서는 아무런 말씀도 하시지 않으시고, 계속해서 침묵하셨습니다. 말하자면 지난 400년 동안, 하늘은 굳게 닫혀 있었던 것입니다. 그러던 중 하나님은 오랜 침묵을 깨뜨리시고, 제사장 사가랴에게 천사를 보내어 말씀하셨습니다. 하나님께서는 마리아와 그의 남편 요셉에게도 천사를 보내셨습니다. 그러나 이는 어디까지나 하나님의 말씀이 당사자들에게만 사적으로 주어진 경우였습니다. 그런데 예수님께서 세례를 받으신 후에, 그 곳에 있는 모든 사람들이 지켜보는 가운데 하늘이 열렸습니다. 이스라엘 백성들이 간구한 대로, 드디어 하나님께서 하늘을 가르시고 그들에게 강림하신 것입니다. 그들이 그토록 갈망하던 메시야가 그들에게 도래하신 것입니다. 그러면 이 때 하나님은 하늘을 가르시고, 어떤 식으로 그들에게 임하셨습니까? 오늘 본문은 이와 같이 기록하고 있습니다. **"성령이 비둘기 같이 자기에게 내려오심을 보시더니"** 삼위일체 하나님의 삼위이신 성령 하나님이 강림하셨습니다.

요1:32 절에 **"요한이 또 증언하여 이르되 내가 보매 성령이 비둘기 같이 하늘로부터 내려와서 그의 위에 머물렀더라"** 이와 같이 성령이 비둘기 같이 하늘로부터 내려오시는 것을 예수님만 보신 것이 아니었습니다. 예수님에게 세례를 베풀었던 세례 요한도 분명하게 보았습니다. 따라서 그 곳에서 세례를 받던 다른 사람들도 이 놀라운 현상을 함께 목격했을 것입니다. 하나님은 영입니다. 그러기에 사람의 눈으로는 하나님을 볼 수 없습니다. 그런데 이 특별한 경우에 성령 하나님께서 비둘기 같이 하늘로부터 내려오셨습니다. 그러기에 그 곳에 있던 모든 사람들은 성령님이 예수님에게 내려오심을 바라볼 수 있었던 것입니다. 성령님이 비둘기 같이 내려오셨다는 말씀은 무슨 뜻입니까? 성령님의 모양이 비둘기 같이 생기셨다는 뜻은 결코 아닙니다. 하나님은 영이시기 때문에, 눈에 보이는 어떤 모양을 가지신 것도 아닙니다. 여기서 강조하는 바는 성령님의 모양이 아닙니다. 성령님이 내려오신 방식입니다. 그러니까 이 때 성령님이 큰 소리를 내면서 요란하게 강림하신 것이 아니라, 비둘기 같이 부드럽고 우아하게 내려오셨다는 사실을 뜻하고 있습니다. 아무튼 이 때 성령님이 예수님에게 내려오신 것은 하나의 단순한 환상이 아니었습니다. 성령님은 모든 사람들이 볼 수 있도록 임하셨습니다. 말하자면 이 때 성령님은 자신이 예수님에게 임하셨다는 사실을 모든 사람들에게 공적으로 알리신 것입니다. 사61:1절에 **"주 여호와의 영이 내게 내리셨으니 이는 여호와께서 내게 기름을 부으사 가난한 자에게 아름다운 소식을 전하게 하려 하심이라"** 이와 같이 구약 성경은 메시아에게 하나님의 영 곧 성령님이 내리실 것을 말씀하고 있습니다. 이는 하나님이 메시아에게 기름을 붓는 것을 의미합니다. 메시아는 그 이름이 뜻하는바 그대로, 명실 공히 '기름 부음 받은 자'가 되는 것입니다. 눅4:18절에 **"주의 성령이 내게 임하셨으니 이는 가난한 자에게 복음을 전하게 하시려고 내게 기름을 부으시고"** 예수님은 메시아에 관한 구약 성경의 말씀이 예수님 자신에게 성취되었음을 밝히셨습니다. 말하자면 예수님께서는 하나님으로부터 기름 부음을 받으신 메시아, 곧 그리스도이십니다. 그러면 언제 예수님께서는 공적으로 하나님께로부터 기름 부음을 받으셨습니까? 본문에 기록된 대로, 예수님께서 세례를 받으신 후였습니다. 예수님께서는 하나님의 뜻에 순종하셔서, 세례를 받으심으로 말미암아 하나님의 의를 이루어 드렸습니다. 그 때 하늘이 갈라지면서, 성령님이 비둘기 같이 예수님에게 내려오셨습니다. 이 때 하나님께서는 예수님에게 기름을 부으시고, 예수님을 만백성의 왕으로 세우셨습니다. 그 결과 이때부터 공식적으로 복음이 시작되었습니다. 예수님이 온 백성을 다스리시되, 하나님의 은혜로 다스리시는 새로운 시대가 활짝 열리게 된 것입니다.

눅10:21 그 때에 예수께서 <u>성령으로</u> 기뻐하시며 이르시되.

마12:28 그러나 내가 <u>하나님의 성령을</u> 힘입어 귀신을 쫓아내는 것이면

히9:14 하물며 <u>영원하신 성령으로</u> 말미암아 흠 없는 자기를 하나님께 드린 그리스도.

롬1:4 <u>성결의 영으로는</u> 죽은 자들 가운데서 부활하사.

이 모든 인용 구절들은 예수님께서 모든 일에 성령의 인도하심을 받으셨다는 것을 증거하고 있습니다. 예수님의 말씀도, 예수님의 행하심도 모두 다 성령님을 힘입어 하신 것이었습니다. 아울러 예수님이 십자가를 지신 것도, 또한 예수님이 부활하신 것도 다 성령님을 힘입은 것이었습니다. 세례 요한이 광야에서 선포한 것처럼, 예수님께서는 우리에게 성령으로 세례를 베푸십니다. 그러면 언제 예수님께서 우리에게 성령님을 보내십니까? 오늘 본문에서 예수님은 우리에게 본을 보여줬습니다. 하나님의 뜻에 온전히 순종할 때입니다. 하나님의 뜻에 온전히 순종하는 여러분들이 되기를 바랍니다. 그래서 우리 모두 성령으로 충만함을 받아, 승리하는 삶을 살 수 있기를 소망합니다. 세상 사는 가운데 사탄의 유혹과 마귀의 시험을 성령충만으로 이기십시다. 성령의 충만함을 받으면 새로운 삶이 시작됩니다. 세상을 따라 살지 않고 하나님의 뜻에 합당한 삶을 살게 됩니다. 새로운 역사를 일으키는 주인공이 됩니다.

하나님의 선언

본문 11절에 "**하늘로부터 소리가 나기를 너는 내 사랑하는 아들이라 내가 너를 기뻐하노라 하시니라**" 막1:1절의 말씀과 같이, 예수님은 그리스도이시며 하나님의 아들이십니다. 이 사실은 성령님이 비둘기 같이 예수님에게 내려오심으로 말미암아, 먼저 시각적으로 입증되었습니다. 또한 이 사실은 이제 하늘로부터 소리가 남으로 말미암아, 청각적으로도 입증되고 있습니다. 여기서 하나님께서는 예수님에 대하여 두 가지를 증언하셨습니다. "**너는 내 사랑하는 아들이라**"이는 하나님이 예수님과의 관계에 대하여 증언하신 것입니다. "**내가 너를 기뻐하노라**" 이는 하나님이 예수님의 사역에 대하여 증언하신 것입니다. 먼저 하나님은 예수님을 가리켜서, 하나님의 사랑하는 아들이라고 칭하셨습니다. 하나님은 그 어떠한 선지자도 이와 같이 부르시지를 않으셨습니다. 선지자들은 그저 '하나님의 사람', 또는 '하나님의 종' 이라고 불렸을 뿐입니다. 시2:7 "**내가 여호와의 명령을 전하노라 여호와께서 내게 이르시되 너는 내 아들이라 오늘 내가 너를 낳았도다**"

하나님의 아들이라 함은 무슨 뜻입니까? '본질상 하나님과 같다, 하나님과 동등하시다, 바로 하나님 자신이시다' 라는 의미입니다. 사도 바울의 표현(빌2:6)에 따르면, 예수님의 근본은 하나님의 본체로서, 예수님은 하나님과 동등하신 하나님이십니다. 그런데 이 때 하나님은 예수님을 가리켜서, 하나님의 아들일 뿐만 아니라 하나님의 '사랑하는' 아들이라고 칭하셨습니다. 유대인들의 표현법에 따르면, 아들이라는 단어 앞에 '사랑한다' 라는 단어가 덧붙으면 이것은 그의 독자임을 가리키는 것입니다. 예컨대 창세기 22장을 보면, 아브라함이 그의 아들 이삭을 하나님께 번제로 드리는 장면이 나옵니다. 그 때 이삭은 아브라함의 사랑하는 아들이라 칭함을 받고 있습니다. 왜냐하면 이삭은 아브라함과 사라 사이에 태어난 독자였기 때문입니다. 예수님께서는 하나님의 사랑하는 아들이십니다. 다시 말하면 예수님께서는 하나님의 독생자이십니다. 그러기에 하나님에게는 예수님 이외에 본질상 하나님과 동등한 다른 아들이 있을 수가 없습니다. 이와 같이 하나님은 예수님과의 관계에 대해서 먼저 증언하셨습니다. 곧이어 하나님께서는 예수님을 기뻐하신다고 증언하셨습니다. 예수님께서는 하나님의 뜻에 온전히 순종하셔서, 대속의 죽음을 감당하시겠다는 뜻으로 세례를 받으셨습니다. 그러기에 하나님께서는 기뻐하시면서 예수님에게 기름을 부으시고, 예수님을 만왕의 왕으로 세우셨습니다. 요8:18 **"내가 나를 위하여 증언하는 자가 되고 나를 보내신 아버지도 나를 위하여 증언하시느니라"** 예수님은 그리스도이시며, 하나님의 아들이십니다. 하나님께서 언제 이 사실을 증언하셨습니까? 예수님께서 세례를 받으시고, 하나님에 의해서 왕으로 세우심을 받으실 때였습니다.

　마가복음 11장에 나오는 내용입니다. 예수님의 사역이 거의 끝나갈 무렵이었습니다. 예수님께서는 십자가를 지시기 위해서 예루살렘에 들어가셨습니다. 예수님께서 예루살렘 성전에 계실 때, 유대인들의 지도자들이 예수님에게 나아와서 다음과 같이 물었습니다. 막11:28 "이르되 무슨 권위로 이런 일을 하느냐 누가 이런 일 할 권위를 주었느냐" 그 동안 예수님은 백성들에게 권위 있는 가르치심을 베푸셨습니다. 많은 병자들을 고치셨고, 귀신들도 쫓아내셨습니다. 심지어 죽은 자도 다시 살리셨습니다. 따라서 그들은 누가 예수님에게 이와 같은 가르침과 기적을 행하는 권위를 주었는지를 물었습니다. 막11:29 "예수께서 이르시되 나도 한 말을 너희에게 물으리니 대답하라 그리하면 나도 무슨 권위로 이런 일을 하는지 이르리라" 막11:30 "요한의 세례가 하늘로부터냐 사람으로부터냐 내게 대답하라" 여기서 예수님은 자신이 받은 권위를 어느 시점에 연관시켜서 말씀하고 계십니까? 그가 세례 요한에게 세례를 받았을 때입니다. 예수님께서 세례를 받으시고 난 뒤에, 예수님께서는 세상 만물을 다스리시는 왕으로서의 권위를 확립하셨다는 사실을 밝히신 것입니다. 이 때 성령님이 내려오셔서, 예수님에게 기름을 부으셨습니다. 하나님께서 예수님의 왕 되심을 공포하심으로써 예수님께서는 왕으로서 죄를 사하시는 권위, 병자들을 고치시는 권위, 죽은 자를 살리시는 권위, 진리를 가르치시는 권위를 받게 되셨습니다. 막11:31-33절에 "그들이 서로 의논하여 이르되 만일 하늘로부터라 하면 어찌하여 그를 믿지 아니하였느냐 할 것이니 그러면 사람으로부터라 할까 하였으나 모든 사람이 요한을 참 선지자로 여기므로 그들이 백성을 두려워하는지라 이에 예수께 대답하여 이르되 우리가 알지 못하노라 하니 예수께서 이르시되 나도 무슨 권위로 이런 일을 하는지 너희에게 이르지 아니하리라 하시니라"

오늘 우리가 살펴본 대로, 하나님께서는 시각적으로 또한 청각적으로 예수님이 왕으로 세움을 받으셨다는 사실을 모든 사람들에게 분명하게 증언하셨습니다. 그럼에도 불구하고 그 사실을 믿지 않는다면, 더 이상 논의할 필요가 없다는 말씀입니다. 오늘 우리도 예수님을 세상에 증언하는 삶을 살아야 합니다. 그 분만이 하나님의 아들이시며 그분을 통해서 기쁨과 삶의 진정한 즐거움을 얻을 수 있다는 것을 증거해야 합니다. 그를 하나님의 아들로 믿고 증거하는 것은 극히 기본적인 신앙의 모습입니다. 그 분을 하나님의 아들로 고백하는 자가 복된 자입니다. 예수님은 베드로가 그렇게 고백할 때 **"바요나 시몬아 네가 복이 있다"**(마16:17) 라고 칭찬했습니다. 그리스도가 하나님의 아들이심을 믿고 증거하는 복된 성도들 되시기를 소원합니다.

세례 요한은 요단강을 중심으로 죄 사함의 회개의 외침과 세례를 줌으로써 하나님 나라의 도래를 알리고 그리스도의 오심을 예비하는 사역을 감당했습니다. 예수님께서는 친히 우리에게 세례의 본을 보여주셨습니다. 그러면서 예수님께서는 우리에게 세례를 베풀라고 명하셨습니다. 그러기에 오늘 우리는 예수님의 명령에 순종해서, 성삼위의 이름으로 세례를 베풉니다. 세례 받는 성도는 하나님의 나라에 입적하는 것이 됩니다. 할례를 받음으로 이스라엘 공동체의 일원이 되는 것과 동일합니다. 무엇보다 성령의 세례인 구원의 인치심을 받아야 합니다. 그리고 충만해야 합니다. 그렇게 하기 위해서는 예수님처럼 우리도 언제나 하나님의 뜻에 온전히 순종해야 합니다. 우리 모두가 성령으로 충만 받아서, 예수님을 세상에 만왕의 왕으로 선포하고 삶 속에서 기쁨과 행복을 누리고 있음을 증거하는 산 증인들이 되시기를 소망합니다.

Chapter 5
시험 받으신 예수님
(His temptations)

마가복음 1:12-13

성령이 곧 예수를 광야로 몰아내신지라 광야에서 사십 일을 계시면서 사탄에게 시험을 받으시며 들짐승과 함께 계시니 천사들이 수종들더라

이 땅에 살아가는 그리스도인들은 정신 차릴 여유도 없이 여러 가지 시험에 노출 되어 있습니다. 시험에 들지 말아야지 하는 생각을 하자마자 시험에 드는 경우가 허다합니다. 시험을 당하지 않을 수 없지만 시험에는 반드시 이겨야 합니다. 이것을 위해서 오늘 본문은 우리 구주 예수님의 시험을 소개하고 있습니다. 예수님께서 세례를 받으신 후 성령에 이끌리어 광야로 나가셔서 마귀에게 시험을 받았습니다. 예수님은 죄가 없음에도 불구하고 요한으로부터 세례를 받으셨고, 그것으로 인하여 하나님의 모든 의를 이루셨습니다. 동일하게 예수님이 시험 받으실 필요가 없으면서도 40일 동안

금식하신 후 시험을 받으신 것은 우리의 상식으로는 이해가 잘 되지 않습니다. 그러나 성경기자는 분명하게 예수님께서 사탄으로부터 시험을 받으셨다고 기록하고 있고 마태는 그 내용을 상세하게 기록하고 있습니다(마4:1-11).

시험받으심

먼저 우리는 이런 질문을 할 수 있습니다. '왜 예수님께서는 시험을 받으셨을까?' 세 가지로 생각할 수 있는데 하나는, 예수님의 사역의 본질이 사탄이 지배하고 있는 세상을 하나님의 나라로 바꾸는 것임을 드러내기 위함이었습니다. 사탄을 이기지 않고서는 하나님의 백성들을 구원할 수 없습니다. 사도 요한은 예수님께서 이 땅에 오신 목적을 이야기할 때 사탄을 멸하기 위함이라고 하셨습니다. 요일3:8절에 **"죄를 짓는 자는 마귀에게 속하나니 마귀는 처음부터 범죄함이니라 하나님의 아들이 나타나신 것은 마귀의 일을 멸하려 하심이니라"** 인간이 범죄한 이후에 하나님께서 여자의 후손인 그리스도를 보내실 때 뱀의 머리를 상하게 하므로 하나님의 새로운 나라를 세우실 것을 말씀하셨습니다(창3:15). 히브리서 기자는 예수님에 대해서 **"자녀들은 혈육에 함께 속하였으매 그도 또한 한 모양으로 혈육에 함께 속하심은 사망으로 말미암아 사망의 세력을 잡은 자 곧 마귀를 없이 하시며, 또 죽기를 무서워하므로 일생에 매여 종노릇하는 모든 자들을 놓아 주려 하심이니, 이는 실로 천사들을 붙들어 주려 하심이 아니요 오직 아브라함의 자손을 붙들어 주려 하심이라"(히2:14~16)고 말합니다. 주님의 천국건설은 마귀와의 싸움에서 승리하는 것으로부터 출발하는 것을 시위하기 위함입니다.

두 번째는 예수님도 우리 인간과 같은 인성을 가지신 분이라는 것을 알게 하도록 하시기 위함입니다. 예수님의 생애 속에 인성적인 부분이 참 많음에도 불구하고 예수님을 사람으로 생각하지 않고 하나님으로만 생각하는 분들이 많습니다. 그래서 예수님의 인간되심, 즉 인성을 부인하는 이단들이 나타나게 되었습니다. 초기 기독교역사에 보면 영지주의라는 이단은 예수님이 인간의 몸을 입고 온 것이 아니라 하나님으로 인간처럼 보였다고 주장함으로써 그리스도의 십자가의 피 흘리심을 부인하고 십자가의 사랑을 배반하는 거짓된 진리를 주장하게 되었습니다. 반대로 어떤 사람들은 예수님의 인성만 주장하여 그의 하나님 되심 즉 신성을 부인하는 이단들이 생겨나게 되었습니다. 현재의 몰몬교, 유대교, 이슬람은 예수님을 하나의 선지자 혹은 성자로만 생각하고 하나님 되심(神性)을 부인하고 있습니다. 이러한 잘못된 그리스도관을 고쳐 주시기 위해 예수님은 친히 사람으로서 또는 하나님으로서의 진면모를 보여 주신 것입니다. 사역초기 시험을 받으신 것은 주님의 사람 되심(人性)을 우리에게 보여 주는 대표적인 사례입니다.

세 번째는 예수님의 시험은 모든 그리스도인들이 이 세상을 사는 동안 받을 수밖에 없는 시험의 종류와 어떻게 하면 이길 수 있는 지에 대한 모범을 보여 주신 것입니다. 주님께서 시험을 받으심으로 인하여 예수님을 믿는 사람들도 동일한 시험에 노출되어 있다는 사실을 가르쳐주고 그 시험을 통과함으로 인하여 주시는 유익이 무엇인지를 알도록 하시기 위함이었습니다.

정리하면

1) 예수님은 하나님의 보내신 아들로서 모든 사람의 구주가 되시므로 신적 권위를 가지시고 하나님의 뜻인 모든 사람의 구속을 위하여 사역하시는 분이심을 마귀의 시험에서 이기심으로써 앞으로 공적 사역에서 행하게 될 모든 일의 성격을 드러내고자 하신 것입니다.

2) 예수님은 하나님의 주권을 가지시고 세상에 오신 분으로서 하나님의 택하신 백성을 구속하여 하나님의 나라를 임하게 하도록 하기 위해 필연적으로 세상 나라에 지배권을 행사하고 있는 마귀와의 전투를 위해 시험을 받으신 것입니다.

3) 예수님의 시험 받으심은 첫 사람 아담이 받았던 시험에 대응하는 것으로서 창세기 3장 15절의 원시복음의 예언을 성취하여 궁극적으로 예수님께서 마귀의 권세를 깨뜨리시고 하나님의 나라가 도래됨을 보여 주신 것입니다. 그 결과 예수님의 십자가의 죽음을 통해 예언을 이루시고 확증하셨습니다.

이 세 가지 분명한 목적을 이루시기 위해서 주님은 광야로 내 몰려 금식하시고 혹독한 시험을 통과하심으로 하나님의 구원자로서의 위치를 확보하고 하나님의 나라 건설을 본격적으로 이루어 나가신 것입니다.

시험하는 자

오늘 본문은 성령에 이끌려 광야로 나가신 주님께서 사탄에 의해서 시험을 받으신 사실을 기록하고 있습니다. 마태복음에는 사탄이라는 직접적인 말을 쓰지 않고 '시험하는 자'(1) 혹은 '마귀'(5, 11)라는 그 사탄의 기능적인 면과 활동하는 사탄의 부하를 부각시키고 있습니다. 시험하는 자 마귀(διάβολος)는 기회를 놓치지 않고 예수님께 접근하여 죄를 짓도록 유혹한 것입니다. 시험은 바로 정상적인 삶을 사도록 내버려 두지 않고 죄를 짓도록 만드는 모든 기회와 수단 방법을 말하는 것입니다. 우리는 여기서 사탄 마귀의 정체를 바르게 알아야 합니다. 구약에 나오는 동방의 의인 욥도 사탄에 의해서 시험을 받았습니다. 물질에 대한 시험, 질병에 대한 시험, 자녀들에 대한 시험, 모두 것을 다 빼앗아 감으로 인하여 최종적으로 하나님을 부인하고 죄의 노예가 되어 사탄의 졸개가 되도록 하는 것이 사탄이 시험하는 목적입니다. 마귀의 특징은 그리스도인으로 하여금 죄를 짓도록 하는 것입니다. 반대로 성령은 우리로 하여금 죄를 멀리하고 거룩한 삶, 올바른 삶, 가치 있고, 목적이 있는 삶을 살도록 만들어 줍니다. 안타깝게도 오늘날 그리스도인들 중에는 믿지 아니하는 사람들 보다 더 둔하게 사탄의 존재를 인정하지 않으려는 사람들이 있습니다. 그렇게 믿지 않는 사람들은 이 세상에 있는 죄의 실재와 현존에 대한 적절한 설명을 하지 못하고 죄를 지어도 무감각하게 되고 회개의 자리로 나올 수 없습니다. 그러나 사탄의 존재와 마귀의 위력을 아는 사람은 늘 깨어서 사탄 마귀를 대적하면서 시험이 와도 능히 대적하여 승리하게 되는 것입니다. 적을 알고 나를 알면 백전백승하게 되어 있지만 적의 실체를 알지 못하면 실패하도록 되어있습니다. 사도 베드로는 벧전5:8절에 **"근신하라 깨어라 너희 대적 마귀가 우는 사자 같이 두루 다니며 삼킬 자를 찾나니"** 라고 하면서 마귀의 정체성을 바르게 알고 깨어 있어야 할 것을 주문하고 있습니다. 엡4:27절에 "마귀로 틈을 타지 못하게 하라"고 했고 엡6:11절에 **"마귀의 궤계를 능히 대적하기 위하여 하나님의 전신갑주 (全身甲冑)를 입으라"**고 했습니다. 그러므로 성도들은 사탄의 정체를 잘 알고 그 어떤 시험에도 넘어가지 않도록 중무장으로 대비해야 합니다.

시험의 종류

크게는 내적 시험과 외적 시험으로 나눌 수 있는데 더 무서운 것은 내적인 시험입니다. 사탄은 나의 약점을 잘 알고 내 마음을 충동시키고 유혹하여 넘어지게 만듭니다. 미움, 탐심, 불평불만, 비난,

고집과 아집 그리고 교만 등 나의 내적인 본성을 자극하여 시험에 들게 만드는 것과 외적으로 예수님께서 처음 당하신 배고픔으로부터 오는 의식주 문제, 즉 돌을 떡덩이가 되도록 하는 시험입니다.

먼저, 의식주 문제에 대한 시험입니다.

마귀의 첫 번째 시험은 예수님으로 하여금 영적인 책임을 망각케 하려는데 있었습니다. 물질적이고 육체적인 욕구가 인간의 삶에 가장 중요한 것이라고 믿게 하여 하나님을 의심케 하려는 유혹이었습니다. 시험자의 첫 번째 방법은 매우 기발했습니다. 예수님의 형편에 딱 들어맞았습니다. 주님께서는 극도로 시장하셨습니다. 실지로 금식의 고통을 겪어 보지 않은 사람은 그 사정을 이해하지 못합니다. 3일만 금식해도 얼마나 힘이 듭니까. 하물며 40일을 금식하였으니 무슨 설명이 필요합니까? 또한 주님께는 이 시험을 피할 수 없는 함정이 있었습니다. 바로 얼마 전에 예수님은 하나님의 아들로 선포 되었습니다. 그것도 수많은 사람들이 지켜보는 가운데 성령이 임하시고 하나님의 음성이 들리는 초자연적인 증거를 받은 것입니다. 이것은 꿈에도 생각해 볼 수 없는 너무도 영광스러운 일이었습니다. 마음속에 넘치는 긍지를 심어주고 우리 같으면 입이 간지러워서 가만히 있을 수 없는 감격적인 일이었습니다. 그런 예수께 "떡덩이" 모양으로 보이는 광야의 둥근 돌들에 대한 시험이었습니다. 수염이 석자라도 먹어야 양반입니다. 금강산도 식후경입니다. 허기진 배를 먼저 채우고 볼 일입니다. 그가 만약 하나님의 아들이라면

저 돌들을 명하여 떡덩이가 되게 해야 합니다. 예수님께 과연 그런 능력이 있는지 시험해 볼만도 합니다. 그러나 주님은 하나님의 아들들인 이스라엘이 광야에서 겪었던 일들을 상기했습니다. **"사람이 떡으로만 살 것이 아니요 하나님의 입으로 나오는 모든 말씀으로 살 것이라"** 하신 신명기 8장 3절에 기록된 말씀으로 마귀의 시험을 물리치셨습니다. 허기진 배를 부정할 수는 없지만 하나님의 뜻 안에서 사는 것이 인간에게는 더 중요합니다. 하나님의 아들로 인정을 받은 예수님께 하나님을 의심케 하려던 마귀의 시험은 실패했습니다. 구약에 아간은 외부로부터 찾아온 시험에서 패하여 결국 가족 전체가 돌에 맞아 죽게 되는 비운을 맛보게 되었고, 신약의 가룟 유다도 결국 빵, 물질문제로 인하여 마귀의 하수인이 되어 영광스러운 제자의 위치에서 탈락하고 말았습니다. 가장 취약한 것이 바로 먹는 문제입니다. 먹고 입고 자고 하는 문제로 대부분 시험에 들게 됩니다. 별것 아닌 것 같은데도 먹는 문제로 시험 드는 사람이 많습니다. 신앙생활 가운데도 먹는 문제, 물질 문제로 시험 드는 경우가 허다합니다. 사회생활에서는 더 말할 것이 없습니다. 성경은 물질이 우리에게 필요하지만 물질만 가지고는 살 수 없고 하나님의 말씀 따라 살아야 할 것을 명하고 있습니다. 이 두 가지를 함께 얻어야 하기 때문에 성도들의 삶은 더 어려운 것입니다.

둘째, '기적만이 능사가 아니다' 라는 것을 보여 주는 시험입니다.

마귀는 예수를 데리고 거룩한 성으로 옮겨 갔습니다. 성전 꼭대기에 세우고 뛰어 내리라고 했습니다. 죄악의 한 길이 닫히면 마귀는 또 다른 길을 열어 놓습니다. 두 번째의 시험에서도 마귀의 교묘함이 드러납니다. 첫 번의 시험에서 실패한 마귀는 "네가 하나님께 의지하는가? 그렇다면 네가 하나님께 완전히 의지해 보아라 여기 그의 성전이 있다. 가장 높은 꼭대기가 있다. 뛰어내려 보라 그의 천사들이 너의 주변에 있지 않는가? 그들은 너를 보호할 책임이 있다. 시편 91편에도 설령 네가 떨어진다 하더라도 너를 붙들어 너의 발이 돌에 부딪히지 않게 해 주겠다고 하지 않았느냐" 라고 하였습니다. 마귀는 자연 법칙을 무시하면서까지 부당한 위험에 뛰어들도록 유혹했습니다. 하나님의 뜻대로 살아가는 가운데 위험을 당한다면 구원을 기대하는 것이 당연합니다. 그러나 스스로 하나님의 기적을 부르는 것은 오히려 하나님을 시험하는 일입니다. 이스라엘이 광야에서 하나님을 시험하다가 뱀에게 물려 죽었습니다. 우리가 그리스도의 뜻대로 산다고 하면서도 하나님을 시험하는 일이 얼마나 많습니까? 말은 하나님의 뜻이라고 하면서도 자기 욕심을 채우기 위한 계획에 사로잡혀서 하나님을 시험하다가 넘어져 신앙을 잃고 그리스도를 욕되게 하는 사람들도 많습니다. 하나님의 약속은 하나님께서 뜻하시는 방식으로 이루어져야 합니다. 인간은 진리를 시험할 수 없습니다. 그렇게 하면 실제로 그 진리를 의심하는 결과가 됩니다. 이것은 하나님의 율법에 기록된 것입니다. 예수님은 신명기 6:16절에 있는 **"주 너의 하나님을 시험치 말라"** 하신 말씀으로 마귀의 시험을 물리치셨습니다. 사탄의 간교함은 사람으로서는 헤아릴 수 없습니다. 그 끈질긴 시험도 대단합니다.

셋째, 명예와 하나의 능력에 대한 시험입니다.

마귀는 다시 예수님을 데리고 지극히 높은 산으로 갔습니다. 육신을 그대로 이끌고 갔는지 초자연적인 방법으로 데려갔는지 아니면 환상의 세계로 시선만을 옮겨 갔는지 우리는 모릅니다. 그것이 또 어느 산인지도 모릅니다. 세상의 산은 꼭대기에서 세상 만국을 다 내려다 볼 수 없습니다. 그런데도 마귀가 데리고 간 산은 세상 만국을 다 내려다 볼 수 있었습니다. 우리는 이런 것들에게 신경 쓸 필요가 없으며 그렇게 중요한 것도 아닙니다. 문제는 그 유혹이 사실이었으며 실제의 시험이라는 것입니다. 그리고 예수님이 마귀에게 이끌려 다닌 것은 마귀가 예수님보다 우월하거나 예수님의 능력이 부족해서가 아닙니다. 예수님 스스로 마귀에게 자신을 시험할 수 있도록 허락하신 것입니다. 마귀는 "천하만국과 그 영광"을 보여줍니다. 이 모든 것들을 소유한 자신에게 절하면 그것을 다 주겠다는 것입니다. 생각해 보십시오. 그 전망은 얼마나 화려하며 그 조건은 얼마나 쉽습니까? 절 한번 하는 대가로 온 천하를 얻는다는 것은 어리둥절할 일이 아니겠습니까? 이 시험이야말로 가장 간교한 것입니다. 따라서 마귀는 장차 예수님께서 하실 일에 대해서도 알고 있었다고 할 수 있습니다. 마귀는 예수님께 죄인들을 대신한 십자가의 죽음 없이 이 세상 나라들을 받으라는 것입니다. 겟세마네 동산의 기도가 생각나십니까? **"내 아버지여 만일 할만 하시거든 이 잔**

을 내게서 지나가게 하옵소서"**(마 26:39) 주님은 십자가의 고통을 알고 계십니다. 주님의 사명을 알고 반역하라는 마귀의 유혹을 과연 어떻게 하셨을까요? 마귀의 단도직입적인 유혹에는 역시 직접적이고 단도직입적인 방법이 효과적입니다. 주님은 **"사탄아 물러가라 기록되었으되 주 너의 하나님께 경배하고 다만 그를 섬기라"** 하였습니다. 이에 마귀는 물러갔습니다. 이 시험은 중요한 교훈을 줍니다. 예수님께서는 옛 일을 다 알고 계십니다. 항상 성경을 상고하셨습니다. 성경의 교훈을 마음속에 품고 계셨습니다. 어릴 때부터 쉐마를 실천하여 말씀에 능통하였습니다. 옛날 일은 우리 생애의 거울입니다. 바울은 이스라엘이 광야에서 행한 일이 우리에게 거울이 된다는 말을 거듭 두 번이나 했습니다(고전 10장). 오늘날 신자들은 성경을 알지 못하면서도 제일 잘 난 교인인척 합니다. 열심히 봉사하고 기도하고 어떤 은사들을 받아서 남이 하지 못하는 능력을 행하면 자기가 제일인 줄 압니다. 사실 그런 것들은 아무 것도 아닙니다. 그리스도인은 하나님의 말씀인 성경에 능통해야 합니다. 사탄은 예수님께도 성경에 기록된 말씀으로 유혹했습니다. 만약 주님이 이 말씀을 분별하지 못했다면 그 시험에 걸려 넘어지고 말았을 것입니다. 성경을 읽고 묵상하는 경건(QT)생활에 전념하라는 것은 귀찮게 하려는 것이 아닙니다. 성경을 깊이 상고하라는 말을 귀하게 여기십시오. 그만큼 그리스도인 생활의 길잡이가 되기 때문입니다. 십자가를 통해서 영광을 쟁취해야 합니다. 너무 쉽게 큰 것을 얻으려는 한탕주의가 우리를 시험에 들게 합니다.

우리는 광야와 같은 세상에 살면서 여러 종류의 시험을 받습니다. 시험에 노출되지 않는 사람은 아무도 없습니다. 이러한 여러 종류의 시험으로부터 이기면 됩니다. 주님께서 보여 주신 모범은 이것을 다 물리치고 승리했다는 사실입니다. 우리도 주님처럼 승리할 수 있다는 가능성을 실천해 보여 주었습니다. 어떻게 하면 이길 수 있겠습니까?

승리의 비결

예수님께서 승리하신 비결을 추적해 보고 우리도 그렇게 하면 승리할 수 있습니다.

1) 미리 금식하면서 기도하는 것입니다. 미리 기도하는 것은 예방 접종과 같습니다. 건강을 잃어버리고 나서 건강을 되찾기는 참 어렵습니다. 그러나 평소에 잘 관리하면 건강을 유지 할 수 있습니다. 원래 병약한 사람들이 오래 산다는 말이 있지 않습니까? 늘 예방적인 차원에서 운동하고 음식조절하고 그리고 미리 미리 대비를 하니까 건강하게 보이는 사람보다 더 장수하게 되는 것입니다. 우리의 신앙생활도 마찬가지 입니다. 평소에 믿음을 키우고 기도로 준비하여 영성을 쌓아 유비무환의 자세를 갖추면 시험이 와도 이길 수 있지만, 무방비 상태로 있다가 시험이 오면 거의 넘어지기 십상입니다. 예수님의 생애를 살펴보면 그는 평소에 기도생활을 놓지

않았고 더 나아가 큰 일을 앞두고 금식하면서 성령의 충만함을 입으니 승리할 수밖에 없었던 것입니다. 기도하는 자에게 성령의 능력을 주시므로 사탄이 시험하러 한 길로 왔다가 일곱 길로 도망가게 됩니다.

2) 말씀으로 무장하면 승리합니다. 시험을 물리친 예수님의 무기는 말씀이었습니다. 어릴 때부터 율법에 능통해 있었기 때문에 쉽게 말씀으로 적절하게 물리칠 수 있었습니다. 벼락치기 공부는 헛다리를 짚을 수 있고, 오래 가지 않습니다. 임기응변으로 말씀을 섭취하려는 태도는 버려야 합니다. 어릴 때부터 말씀으로 무장해 있으면 커 가면서 오는 시험을 잘 견딜 수 있습니다. 유대인들은 13세까지 토라와 탈무드 공부를 통해서 마음을 완벽하게 무장합니다. 그래서 사춘기를 지날 때에도 그 위기를 잘 극복하게 되는 것입니다. 어릴 때부터 부모로부터 교회를 통해서 말씀 훈련을 잘 받아야 노도 광풍과 같은 시험이 몰려와도 끄떡없이 견딜 수 있고, 더 주께로 가까이 가는 은혜가 주어집니다.

3) 성도의 전신 갑주를 입어야 승리할 수 있습니다. 에베소서 6장에서 바울은 이를 전쟁에 나간 로마군인이 무장한 모습을 떠올리듯이 나열하고 있습니다. 군인의 허리띠가 움직임을 쉽고 자유롭게 해주는 것처럼 진리는 타인들과 하나님과의 관계를 자유롭게 합니다. 군인의 흉배가 적의 공격으로부터 그의 가슴을 보호해주듯이 성화된 의로운 삶은 믿는 자의 마음을 마귀의 공격으로부터 지켜줍니다. 복된 소식을 전하는 전령의 발처럼(사 52:7) 평안의 복음의

신을 신고, 방패가 적의 공격을 막아주듯이 마귀의 공격을 믿음의 방패로 방어합니다. 머리에 투구를 씀으로써 안정감을 주듯이 구원의 투구는 마귀의 공격으로부터 안정감 혹은 미래의 구원을 의미합니다. 마지막으로 유일하게 공격용으로 표현된 검은 성령의 검, 곧 하나님의 말씀입니다. 주께서 마귀에게 시험 받으실 때 말씀으로 승리하셨듯이 적의 공격에 맞서 싸울 때 이 검이 필요합니다. 하나님의 전신갑주를 입고 전쟁터에 나가면 반드시 승리하게 됩니다. 전신갑주를 취하기 위해서는 강도 높은 훈련과 늘 깨어 있는 적극적인 신앙생활이 필요합니다.

승리자에게는 평안과 기쁨이 있습니다. 그리고 더 높은 성숙함이 있습니다. 결국 시험을 잘 통과한 사람은 크게 쓰임을 받게 됩니다. 승리에 대한 자신감이 있기 때문입니다. 그러나 작은 것에서부터 큰 시험에 이르기 까지 실패한 사람에게는 좌절감과 상실감 그리고 패배의식이 있기 때문에 좋은 리더가 될 수 없습니다.

4) 믿음으로 이깁니다. 믿음도 작은 믿음이 있고 큰 믿음이 있는데 성숙한 믿음 옹골찬 믿음이 모든 시험을 물리치게 됩니다. 믿음이 없이는 시험에 들기 쉽습니다. 믿음은 다른 말로 말하면 하나님 편에 서는 것입니다. 사도 요한은 아주 명쾌하게 세상을 이긴 이김은 이것이니 우리의 믿음이니라!(요일 5:4, 참조 벧전 1:6-9) 라고 했습니다. 하나님을 의지하고 믿음으로 승리하는 성도들이 되시기를 소망합니다.

새찬송 357장에

'주 믿는 사람 일어나 다 힘을 합하여 이 세상 모든 마귀를 다 쳐서 멸하세

저 앞에 오는 적군을 다 싸워 이겨라 주 예수 믿는 힘으로 온 세상 이기네

믿음이 이기네 믿음이 이기네 주 예수를 믿음이 온 세상 이기네.'

주님이 시험 받으신 것을 살펴보면서 우리도 늘 시험을 받을 수 있다는 사실을 기억하며 살아야 하겠습니다. 주님이 시험 받으신 내용처럼 우리도 육신의 정욕과 안목의 정욕, 이생의 자랑 등 수많은 종류의 시험에 노출되어 있습니다. 요일2:16절에 **"이는 세상에 있는 모든 것이 육신의 정욕과 안목의 정욕과 이생의 자랑이니 다 아버지께로 좇아 온 것이 아니요 세상으로 좇아 온 것이라."** 한 사람도 시험에 열외는 없습니다. 그러나 분명한 사실은 우리가 성령으로 기도로 준비하고, 말씀으로 무장하고 하나님의 전신 갑주를 입고 유비무환의 자세를 갖추기만 한다면 반드시 예수님처럼 마귀를 물리치고 승리할 수 있다는 것입니다. 이렇게 광야 길에서 만나는 시험에 승리하여 참 평안을 누리고 하나님의 나라와 사회에서 크게 쓰임 받는 성도들이 되시기를 간절히 소망합니다.

Chapter 6
때와 하나님의 나라
(The time and the kingdom of God)

마가복음 1:14-15

요한이 잡힌 후 예수께서 갈릴리에 오셔서 하나님의 복음을 전파하여 이르시되 때가 찼고 하나님의 나라가 가까이 왔으니 회개하고 복음을 믿으라 하시더라

때(Time)를 의식하며 사는 사람들은 이 세상을 사는 지혜로운 사람들입니다. 대부분의 사람들은 시간과 타이밍을 잘 의식하지 못하고 현실에 안주 하고 살기 때문에 시간을 허비하게 되고 타이밍을 놓쳐 버리는 경우가 허다합니다. 기독교만큼 시간에 대해서 정확하게 카운트하고 아끼며 사는 종교는 이 땅에 아마 아무데도 없을 것입니다. 그 이유는 시간의 주인이 하나님이시고 한 치의 오차도 없이 시간을 경영해 가시고 이루시기 때문입니다. 하나님의 창조 기사 중에서 하루를 "저녁이 되고 아침이 되니 이는 첫째 날이니라"라는 말씀이 정확하게 일곱째 날까지 이루고 한 주간이 형성되고

달과 해의 바뀜을 통해 역사가 이루어지는 것입니다. 정확한 하나님의 시간 창조와 역사의 질서를 보게 됩니다. 유대인들도 7일 동안의 천지창조에 대한 창세기의 기사를 접하면서 일곱째 날 안식일(주일)은 그들이 복 받은 날로 생각하고 철저하게 지킵니다. 장소에 구애됨이 없이 시간을 귀히 여기며 어디에 있든지 안식일을 거룩하게 지킵니다. 그들은 안식일을 의무적으로 쉬면서 영육간에 충전을 하면서 자신을 찾으려고 합니다. 그들은 안식을 철저하게 지키기 때문에 고대 사회에서는 로마인이나 그리스도인들이 안식일 지키는 것을 트집 삼아 그들을 게으른 민족이라고 치부하기도 했습니다. 그들은 이 시간과 타이밍을 얼마나 철저하게 지키는지 예전에 학술대회 때 만났던 유대인 랍비 마빈 토카이어도 금요일 안식일을 지키기 위해 오후 정한 시간에 마치고 호텔로 돌아가서 안식일을 지킨다고 했습니다. 장소가 중요한 것이 아니라 시간을 중요시 여기는 것입니다. 유대인의 격언에 "유대인이 오랫동안 안식일을 지켜 온 것이 아니라 안식일이 오랫동안 유대인을 지켜 왔다"는 말이 있습니다. 유대인들이 하나님께서 정한 이 시간을 잊어버렸다면 그들은 생존하지 못했을 것이고, 뛰어난 민족이 되지 못했을 것입니다. 이처럼 하나님의 시간을 무시하고 사는 민족은 점점 쇠퇴하나, 때와 기한을 알고 지키는 사람들인 하나님의 백성은 점점 강하여져 질 것입니다. 이러한 시간의 연속선상에서 그리스도의 재림을 통해 결국 하나님의 나라는 이루어지는 것입니다.

세례요한의 투옥

　세례 요한이 옥에 갇힌 사실을 오늘 본문이 말씀하고 있고, 그 사실에 대한 역사적인 기록은 마태복음 14:3-12절에서 더 상세하게 언급되어 있습니다. 내용인 즉, 세례요한이 헤롯왕의 동생 빌립의 아내인 헤로디아를 자기의 아내로 강제로 빼앗은 일에 대한 책망이 화근이 되어 옥에 갇히게 되었고 헤롯이 백성을 두려워하여 처형시키지 못하고 있다가 그의 생일이 되어 자기가 빼앗아 온 처제의 딸인 헤로디아의 딸이 춤추는 것을 보고 반해서 결국 맹세를 하게 되고, 그 맹세에 의해서 세례 요한이 목이 잘리게 되었습니다. 선지자는 바른 말을 하다가 어려움을 당하기도 하고 어떨 때는 목숨을 잃기도 합니다. 정의가 있어야 하고 그것을 고수하기 위해 희생도 필요합니다. 잘못된 것에 대한 시정을 위한 조언이 힘이 없을 때에는 큰 화를 자초하게 되기도 합니다. 그러나 그것이 실패가 아니고 하나님 나라의 확산을 위한 밑거름이 되고 승리의 촉매역할을 하게 됩니다.
　세례요한은 그리스도의 대사로 미리 와서 예수님의 길을 활짝 여는 사명을 다 했고, 하나님의 때에 순교의 제물이 됨으로 이제 그리스도의 본격적인 사역이 시작이 되었던 것입니다. 누구든지 하나님으로부터 받은 사명이 끝나는 날 나이에 관계없이 재산의 유무에 관계 없이 지위에 관계 없이 하나님의 부르심을 받게 되는 것입니다.

우리는 자신의 사명에 충실하고, 어떤 고난과 죽음 앞에서도 조금도 굴하지 않고 당당하게 살고, 하나님의 부르심 앞에 부끄럽지 않게 설 수 있는 믿음의 사람들이 되어야 할 것입니다. 불의와 타종교의 세력 앞에서도 잘못을 지적할 수 있는 믿음과 용기가 오늘 필요합니다. 타협과 현실 안주는 하나님 나라의 일을 확산시키지 못합니다. 정의와 공의가 이 땅에 이루어지도록 그리스도인들이 앞장서서 노력하며 죽음을 불사하는 순교의 정신을 가져야 합니다. 권력과 감옥은 우리의 육신을 가둘 수 있고 목숨은 빼앗을 수 있을지 모르지만 우리의 영원한 자유와 생명은 빼앗을 수 없을 것입니다. 백인들의 부당한 처사와 불의에 대하여 항거하던 루터 킹 목사는 백인의 총 앞에서 암살을 당했지만 그의 정의와 자유에 대한 외침은 얼마 있지 않아서 미국 땅에 흑인들이 자유롭게 살고 정당한 대우를 받는 인권신장을 보장 받게 되는 계기가 되었습니다. 정의와 공의는 없어지는 것이 아니라 핍박을 받을수록 더 보석처럼 빛나게 됩니다. 우리의 사명이 끝나는 그 순간까지 최선을 다하는 삶을 살아야 합니다.

하나님의 복음

예수님께서 북쪽 갈릴리 지역 여러 동네를 다니시면서 하나님의 복음을 전파하셨습니다. 이것은 주님이 이 땅에 오신 목적인데 바로 전도입니다. 복음 전파는 세상을 향해 예수님 자신이 이제는 메시야로 왔음을 알리는 신호탄이었습니다. 사람들은 복음을 듣지 않으면 그 복음의 내용을 알 수 없습니다. 듣는 자는 살아나게 되고 생명을 얻게 되는 구원의 역사가 일어납니다. 그래서 바울은 믿음도 들음에서부터 출발한다는 사실을 밝히고 있습니다(롬10:17). 하나님의 복음은 바로 예수 그리스도에 관한 것입니다. 하나님께서 죄지은 인간에게 기쁜 소식을 전해 주시는 것입니다. 예수님의 탄생도 하늘에서는 영광이지만 땅에서는 기뻐하심을 입은 택한 백성들에게는 평화의 사건이었습니다(눅2:14). 분열과 갈등 그리고 싸움으로 인하여 나누어진 마음들이 하나가 되고 화목하게 되는 평화의 나라가 이루어지게 된 것입니다. 그의 복된 소식은 결국 십자가의 승리로 인하여 완성되어 모든 민족에게 이 복음이 전하여져 구원의 자리에 이르게 된 것입니다.

하나님의 복음은 모든 민족에게 전해져야 하고, 우리 가까이에 있는 사람들에게 반드시 전달되어야 합니다. 하늘의 복된 소식(Good News)을 예수님이 앵커가 되어 전했던 것처럼 오늘 우리가 전해야 합니다. 가족 전도와 이웃 전도 나아가 모든 이방 민족에게까지 이 복음을 전하는 사역을 감당해야 합니다. 전도와 선교에 무관심하고, 참여하지 않는 것은 자신만 기쁜 소식을 알고 있고, 진정으로 복된 소식임을 모르는 소치라고 할 수 있습니다. 올해가 가기 전에 함께 복음을 전하고 아직 예수님을 알지 못하는 사람들에게 하나님의 기쁜 소식을 전하는 사역에 헌신할 수 있기를 바랍니다.

주님은 나사렛, 스불론과 납달리 지경 해변에 있는 가버나움으로 가서서 복음을 전했습니다(마4:12,13).

우리는 안타까운 마음을 가지고 아직 복음을 알지 못하는 사람들과 지역으로 나아가 하나님의 복음을 담대하게 전하는 증인들이 되어야 할 것입니다. 바울은 너무나 답답하여 내가 이 복음을 전하지 않으면 화가 있을 것이라고 했습니다. 고전 9:16에 "**내가 복음을 전할지라도 자랑할 것이 없음은 내가 부득불 할 일임이라 만일 복음을 전하지 아니하면 내게 화가 있을 것임이로라.**" 우리의 남은 날들을 계수하면서 나는 과연 몇 사람에게 이 피 묻은 복음을 전했으며, 그들을 그리스도에게 인도했는지를 생각해 보고 최선을 다 할 수 있는 남은 생애가 되었으면 좋겠습니다.

때와 하나님의 나라

예수님은 하나님의 복음을 전하시면서 두 가지를 말씀했습니다.

1) 때가 찼다고 했습니다(The time has come). 이 문장은 완료시제로 이제 때가 왔다는 말씀입니다. 무슨 때가 왔다는 것입니까? 구약에서 예언하였던 메시야의 오심에 대한 약속 성취가 이루어졌다는 것입니다. 바울은 동일한 말씀을 갈 4:4절에 "**때가 차매 하나님이 그 아들을 보내사 여자에게서 나게 하시고 율법 아래 나게 하신 것은**"이라고 하면서 하나님의 타이밍의 성취를 그리스도에게 맞추고 있습

니다.

2) 하나님의 나라가 가까이 왔음을 말씀하고 있습니다. The kingdom of God is near' 하나님의 통치가 시작되었다는 신호입니다. 세례요한이 그리스도의 오심을 보고 외칠 때 하신 내용과 동일합니다. 마3:2에 "회개하라 천국이 가까왔느니라 하였으니"

예수님은 분명이 자신의 정체성을 알고 자신이 복음의 핵심이며, 그를 통해서 하나님의 역사는 분명하게 진행되고 성취되고 있음을 알았습니다. 한 치의 오차도 없이 시간의 계획표대로 그대로 이루어지고 있습니다. 하나님 나라의 도래와 타이밍은 너무나 절묘하게 이루어지고 있습니다. 그리스도의 초림은 구약의 선지자들이 예언한바 대로 언어와 문화 그리고 도로 등이 준비되어 급속하게 복음이 진보될 수 있는 시점에 성취 되면서 하나님 나라의 통치가 시작되었습니다.

하나님은 일을 계획하실 때, 때를 정하시고 그 정한 때가 되면 행동을 개시하십니다. 때가 차매 하나님이 그 아들을 보내셨고, 때가 찼고 하나님의 나라가 가까왔으니 사람들은 회개하고 복음을 믿어야 했습니다. 때가 찬 경륜을 위하여 예정하신 일은 주님께서 새천년왕국을 수립하실 때에 이루어질 것입니다. 하나님께서는 선교와 관련해서도 그렇게 역사하십니다. 요셉을 총리대신으로, 모세를 그 백성의 인도자로, 그리고 바울을 이방인을 위한 해외 선교사로 부르실 때에도 하나님은 그 정하신 때에 그렇게 하셨습니다(시 105:16-19; 행 7:20; 갈 1:15,16). 하나님은 한 나라와 민족을 위해

복음을 전하고자 하실 때도 그 정하신 때를 따라 역사하시는 것을 보게 됩니다. 우리나라가 그 좋은 예입니다. 19세기 말엽 한반도에 처음 복음이 들어 올 때 국내외에서 전개된 여러 가지 상황들을 살펴보면 하나님께서 배후에서 여러 가지 면으로 섭리하고 계셨다는 사실을 부인할 수 없습니다.

(1) 선교사들의 동방으로의 진출을 가능케 하셨습니다. 때는 시대적으로 서구 열강들의 식민지화 정책에 따라 서양에서 동양으로 진출을 할 때였습니다. 하나님은 이 물결을 사용하여 구미각국의 선교사들로 동방으로 가는 길을 열어 주셨습니다.

(2) 중국에서 선교사가 한국 땅을 밟기 전에 한국어 성경을 준비해 놓으셨습니다. 중국에서는 하나님께서 그 동북부 지방(옛 만주)에서 선교하던 존 로스와 존 맥킨타이어 두 선교사의 마음을 감동케 하사 그들로 하여금 사복음서와 사도행전을 우리나라 말로 번역, 출간하게 하셨습니다(1884년).

(3) 일본에서 일꾼을 예비해 주셨습니다. 일본에서는 미국 선교사들을 감동케 하사 한국유학생들에게 접근, 전도하게 하시므로 한국선교의 미래를 위한 일꾼들을 준비해 주셨습니다.

(4) 미국 선교사를 보내주셨습니다. 미국에서는 성경학교 학생들 가운데서 큰 선교부흥의 역사가 일어나게 하사 그 물결을 타고 언더우드와 아펜젤러로 하여금 한국에 선교사로 오게 하셨습니다.

(5) 국내의 정치적인 변화로써 쇄국정책 폐지와 문호개방으로 선교환경을 조성해 주셨습니다. 대원군의 실각과 더불어 고종이 실권

을 장악, 미국과 한미통상우호조약을 맺으므로(1882년) 문호가 개방되어 선교사의 입국이 가능하게 되었습니다.

이렇게 하나님의 역사는 하나님의 때를 따라 이루어지고 있으며 현 역사의 흐름도 성도들의 삶을 중심으로 이루어져 가고 있습니다. 세상의 역사에 대해서는 하나님께서 관심이 없으십니다. 교회를 중심으로 이루어지는 일에 대해서 우리는 깊은 관심을 가지고 있어야 합니다. 이 때를 잘 볼 수 있어야 합니다. 하나님의 손가락을 볼 수 있는 사람이 믿음의 삶을 살면서 준비하게 됩니다. 세상 나라의 흐름에 너무 민감하지 말고 하나님의 나라가 어떻게 완성되어 가는지에 대해서 우리가 깊이 관심을 가져야 합니다.

우리의 반응과 책임

예수님은 자신의 복음을 듣는 사람들에게 인격적으로 반응해야 할 것을 말씀하고 있습니다.

1) 회개해야 합니다. 죄 된 생활에서 돌이켜야 합니다. 하나님의 나라 입성은 돌이키는 것에서부터 시작됩니다. 옛 생활을 그대로 하면서 하나님의 통치를 받을 수 없습니다. 옛 생활을 벗어 버리고 새로운 피조물이 되어야 하나님의 나라 백성이 됩니다. 진흙 구덩이에 빠져 있으면 씻을 수가 없습니다. 마귀 손에서부터 벗어나야

하나님의 손에 붙잡힐 수 있습니다.

2) 복음을 믿어야 합니다. 복음은 기쁜 소식인데 그 핵심은 바로 예수 그리스도입니다. 그리스도를 믿어야 하나님 나라의 백성이 되고 생명을 얻을 수 있습니다. 믿음은 바로 돌이키는 일에서부터 시작되어 성숙의 단계로 나아가는 것입니다.

죄와 허물로 죽었던 우리가 사는 길은 회개하고 그리스도를 믿는 것 외에는 다른 방도가 없습니다. 하나님의 통치 속으로 들어가 그의 보호를 받고, 인도함을 받는 것은 그 분을 왕으로 인정하고 모실 때 가능한 것인데 그것이 바로 믿음입니다.

예수님의 사역의 시작은 세례요한이 옥에 투옥되는 그 시점이었습니다. 타이밍의 절묘함이 있습니다. 그는 하나님의 복음을 전하면서 사람들에게 회개할 것을 주문했고, 복음을 믿어야 살 수 있음을 강조했습니다. 하나님 나라의 도래는 바로 구약 예언과 하나님의 언약의 성취입니다. 큰 흐름의 물줄기에서 역사를 이해하고 오늘의 현실을 진단하면서 철저한 회개와 주님 중심의 삶을 통해서 승리하는 삶을 살아야 할 것입니다.

Chapter 7
소명과 사명
(Calling & mission)

마가복음 1:16-20

갈릴리 해변으로 지나가시다가 시몬과 그 형제 안드레가 바다에 그물 던지는 것을 보시니 그들은 어부라 예수께서 이르시되 나를 따라오라 내가 너희로 사람을 낚는 어부가 되게 하리라 하시니 곧 그물을 버려 두고 따르니라 조금 더 가시다가 세베대의 아들 야고보와 그 형제 요한을 보시니 그들도 배에 있어 그물을 깁는데 곧 부르시니 그 아버지 세베대를 품꾼들과 함께 배에 버려 두고 예수를 따라가니라

소명과 사명은 동전의 양면과 같습니다. 소명의식은 하나님의 부르심에 대한 깨달음이며, 사명의식이란 하나님의 부르심에 대한 순종적 결단입니다. 현대 그리스도인들 중에는 하나님의 부르심에 대한 깨달음 없이, 그리고 하나님을 향한 사명감도 없이, 목적지도 가야 할 방향도 모른 채 하루하루를 의미 없이 헛되이 살아가는 사람들이 꽤 있습니다. 꿀벌이 꿀벌로서 존재하는 것은 소명입니다. 꿀벌이 나비로 존재하는 것이 아닙니다. 열심히 꽃과 벌집을 오가며 꿀을 모으는 것이 그것들의 사명입니다. 자신의 주어진 사명을 위

해서 쉬지 않고 꽃밭과 벌집을 왕래하면서 부지런히 움직입니다. 벌 한 마리가 4만 번의 꿀을 물고 와야 한 되의 꿀을 얻을 수 있다고 합니다. 벌들은 열심히 그 사명에 헌신하다가 1개월 밖에 살지를 못하고 죽습니다. 미물의 곤충도 자기의 부르심에 최선을 다하다가 죽는다면 오늘 영광스러운 부르심을 받은 우리가 어떻게 주어진 사명을 감당해야 할 것인가는 더 이상 말씀 드릴 필요가 없습니다.

만약 하나님께서 왜 나를 부르셨는지 하나님을 위해 나는 구체적으로 무슨 일을 해야 하는지에 대한 깨달음이 없다면 우리는 영적 어린아이요 영적으로 소경 된 자들일 것입니다. 하나님의 백성 된 우리를 그리스도께서 불러 주셨고 사명을 맡겨 주셨으니 그 부르심에 대한 분명한 목적을 깨닫고 헌신하는 것은 당연지사입니다. 소명이 없이도 일을 할 수 있지만 그것은 사명이 아니고 직업의식에 의한 것이기 때문에 주인 되신 하나님께서 기뻐하시지 않습니다. 하나님의 나라와 교회의 일은 직업의식으로 일을 하는 것이 아닙니다. 다시 말하면 어떤 보상을 바라고 하는 것이 아니라는 것입니다. 부르심이 너무 감사하고 그 은혜가 너무 커서 그것에 대한 자연스러운 응답으로 사명(mission)을 다하는 것입니다.

예수님의 부르심

예수님께서 여러 지방을 다니시면서 천국 복음을 전파하셨습니다. 천국이 가까웠으니 회개하고 복음을 믿어야 할 것을 촉구하셨습니다. 그 일을 하시면서 사람이 필요하다는 것을 느끼고 먼저 갈릴리 호수에서 고기 잡는 일에 잔뼈가 굵은 어부들을 제자로 부르셨습니다. 하나님 나라를 위한 동역자들을 부르신 것입니다. 우리 주님께서는 사람을 귀하게 여기시고 그의 나라 확장을 위해 필요한 사람들을 부르십니다. 이것을 우리는 콜링(Calling), 즉 소명이라고 합니다. 부르지 않으면 올 사람이 아무도 없으며, 부르시면 오지 않을 사람도 없습니다. 간혹 부르셔도 깨닫지 못하고 주저하는 사람이 있기는 하지만 결국 그 부르심에 응답할 수밖에 없는 존재가 바로 우리입니다.

1) 하나님 나라에는 일꾼이 필요합니다. 하나님 나라에 제일 중요한 것이 사람이었습니다. 여러 영역에 사람이 필요합니다. 다양한 영역에서 하나님은 사람을 부르고 계십니다. 선교하는 일에, 교회 사역에, 학교 사역에, 직장 사역에, 가정 사역에, 군사 역에, 해상 사역에, 다양한 곳에서 일할 일꾼들을 하나님은 필요로 합니다. 캠퍼스 사역을 해 보니 학교 안에 있는 학생들을 사랑하며 그들에게 복음을 전하고 바른 가치관을 심어줄 동역자가 필요한 것을 느끼게 되었습니다. 전력회사의 신우회를 해 보니 직장 안에 사람들에게 복음을 전하면서 성경을 가르치는 사람이 필요하다는 것을 느꼈습니다. 군에서 군종을 해 보니 군인들에게 복음을 전할 전도자가 필요하다는 것을 느끼게 되었습니다. 학교(초중고)안에 학생들

에게 말씀을 가르치며 상담할 교사들이 필요하다는 것을 느끼게 됩니다. 심지어 병원 안에 입원해 있는 환자들에게도 복음을 전할 사람이 필요합니다. 그 어느 곳도 일꾼이 필요하지 않은 곳이 없습니다.

2) 여러 명을 제자로 불렀습니다. 한 사람만 필요한 것이 아니라 많은 사람이 필요했습니다. 한 사람은 쉽게 낙심하고 포기할 수 있지만 여러 사람이 같이 일을 하면 힘도 생기고 서로 위로가 되고 격려가 되어 일을 효과적으로 할 수 있습니다. 삼겹줄은 쉽게 끊어지지 않습니다. 전4:12절에 **"한 사람이면 패하겠거니와 두 사람이면 능히 당하나니 삼 겹줄은 쉽게 끊어지지 아니하느니라"** 교회는 다양한 동역자가 필요합니다. 나와 같지 않다고 해서 틀린 사람이 아니라 같이 조화를 이루어 하나님의 나라를 이룰 동역자로 여겨야 합니다. 동역자의 귀함을 우리는 늘 인식하고 함께 일하는 팀워크의 중요성을 배워야 합니다.

3) 어부들을 불렀습니다. 천하고 무식하고 권세가 있는 자가 아닌 자들을 불러 주셨습니다. 그 당시 바리새인이나 사두개인 등 사회의 지식층과 부유층이 많이 있었음에도 불구하고 예수님은 그들을 제자로 삼지 않았습니다. 지도층 인사를 불러 일을 시키면 더 효과적이고 그 그룹의 이미지도 향상이 되어 더 많은 결실을 얻을 수 있음에도 불구하고 주님은 가난하고 무식하고 천한 직업에 종사하

고 있었던 어부들을 불러 그의 제자로 삼으신 것입니다. 실제로 베드로와 요한이 산헤드린 공회 앞에서 심문을 받을 때, 배우지 못한 무식한 사람이라고 했던 것을 보면 알 수 있습니다. 행4:13절에 **"저희가 베드로와 요한이 기탄없이 말함을 보고 그 본래 학문 없는 범인으로 알았다가 이상히 여기며 또 그 전에 예수와 함께 있던 줄도 알고"** 예수님께서 세상에 부한 자, 권력자, 유명인사, 학문에 뛰어난 자를 부르지 않으시고 약한 자, 가난한자, 무식한 자를 부르신 것은 그들을 통해서 그리스도의 강함과 부함과 뛰어남을 드러내시기 위함입니다. 사도 바울의 표현을 빌리면 **"하나님의 미련한 것이 사람보다 지혜 있고 하나님의 약한 것이 사람보다 강함"**(고전1:25)을 이 세상에 드러내기 위함입니다. 사람은 자기가 남들보다 좀 더 가지고 배우고 높으면 그것을 가지고 자기를 드러내려고 합니다. 우리 주님은 우리의 마음을 너무나 잘 알기 때문에 그렇게 하지 못하도록 하기 위해서 부족한 저희들을 불러 사용하시기를 원하시는 것입니다. 사도 바울은 이 진리를 다음과 같이 드러내고 있습니다. **"형제들아 너희를 부르심을 보라 육체를 따라 지혜 있는 자가 많지 아니하며 능한 자가 많지 아니하며 문벌 좋은 자가 많지 아니하도다. 그러나 하나님께서 세상의 미련한 것들을 택하사 지혜 있는 자들을 부끄럽게 하려 하시고 세상의 약한 것들을 택하사 강한 것들을 부끄럽게 하려 하시며, 하나님께서 세상의 천한 것들과 멸시 받는 것들과 없는 것들을 택하사 있는 것들을 폐하려 하시나니, 이는 아무 육체라도 하나님 앞에서 자랑하지 못하게 하려 하심이라"**(고전1:26~29)

자랑하지 않고 겸손히 섬기도록 어부들을 불러 훈련시키시고 하나님의 나라에 요긴한 재목으로 쓰신 것입니다.

약한 나로 강하게 (Let the weak say I am strong)

1) 약한 나로 강하게, 가난한 날 부하게,
   눈먼 날 볼 수 있게 주 내게 행하셨네
   약한 나로 강하게, 가난한 날 부하게,
   눈먼 날 볼 수 있게 주 내게 행하셨네

(후렴) 호산나 호산나 죽임 당한 어린양,
   호산나 호산나 예수 다시 사셨네

2) 내가 건너야 할 강, 거기서 내 죄 씻겼네.
   이제 주의 사랑이 나를 향해 흐르네

3) 깊은 강에서 주가 나를 일으키셨도다.
   구원의 노래 부르리 예수 자유 주셨네.

Let the weak say I am strong

Let the poor say I am rich

Let the blind I can see

It's what the Lord has done in me

Hosanna, Hosanna To the lamb that was slain,

Hosanna, Hosanna Jesus died and rose again.

부르심에 대한 순종

부름이 소명이 되기 위해서는 분명 그 부르심에 대한 순종이 있어야 합니다. 제자들을 부르셨을 때 그들은 지체하지 않고 즉각적으로 순종하였습니다. 오랫동안 고기 잡아 생계를 이어가던 어부들에게는 청천벽력 같은 부르심이었을 것입니다. 실제로 한 곳에 열심히 일하고 있는데 다른 사람이 콜링(Calling)을 하면 쉽게 결단하고 나서는 것이 쉽지 않습니다. 그것도 생활에 대한 보장이 확실하게 주어지면 생각해 볼 수 있지만 막무가내로 미래가 불투명한 부름 앞에서는 누구나 망설이는 것이 당연한 반응입니다. 많은 사람들이 재정적 손실 때문에 주님의 부르심에 즉각 순종하지 못하고 머뭇거림으로 인하여 손해를 보는 경우가 많습니다. 주님의 부르심은 우리를 손해 보도록 하기 위함이 아닙니다. 눈앞에 보이는 것은 손해인 것처럼 생각 되지만 길게 보면 그것이 얼마나 위대한 부름이며, 축복인가 하는 것을 알게 됩니다. 예수님은 모든 것을 버리고 따라 온 제자들에게 막10:30절을 통해 **"금세에 있어 집과 형제와 자매와 모친과 자식과 전토를 백배나 받되 핍박을 겸하여 받고 내세에 영생을 받지 못할 자가 없느니라"**고 하시면서 현세와 미래에 축복을 약속하셨습니다.

제자들은 예수님이 사셨던 나사렛과 같은 지방인 갈릴리에 살았기 때문에 예수님에 관해서 들었을 것입니다. 하지만 가난한 목수의 아들로 자라난 그에게 어떤 생활에 대한 보장을 받기가 쉽지 않다는 것을 알았을 것입니다. 그럼에도 불구하고 그들은 오늘 본문에서 쉽게 응답했다고 했습니다. 주님의 부르심에 우리가 어떻게 반응해야 할 것인가를 잘 보여 주고 있습니다. 어떤 사람은 교회의 직분에 대해서도 얼마나 이리저리 재는지 모릅니다. 이름은 얻고 싶으나 희생에 대한 두려움 때문에 부르심에 기쁨으로 응하지 않고 망설이는 경우가 많습니다. 즉각적으로 순종하는 사람이 하나님의 나라에 유용한 일꾼이 됩니다. 부르심에는 첫째도, 둘째도, 그리고 셋째도 순종입니다.

또한 부름에 응했으면서도 사명에 대해서는 헌신하지 않는 사람도 있습니다. 부르심을 받았으면 맡겨진 사명을 충성스럽게 감당해야 합니다. 우리가 주의 일에 전적으로 순종할 때 기적이 일어나고 역사가 일어나게 됩니다. 가나 혼인잔치에 일어난 기적은 아주 좋은 모델입니다. 순종은 아무리 강조해도 다함이 없습니다. 순종이 제사보다 낫고 듣는 것이 수양의 기름 보다 낫습니다(삼상 15:22).

사람 낚는 어부

예수님은 제자들을 부르실 때 목적을 가지고 부르셨습니다. 17절에 **"나를 따라 오너라 내가 너희로 사람을 낚는 어부가 되게 하리라"** 고기 낚는 어부에서 사람 낚는 어부로 삼으시기 위해서 그들을 부르신 것입니다. 처음에는 그 말이 무슨 의미인지 잘 몰랐을 수도 있습니다. 그러나 주님이 그들을 3년 동안 훈련시키면서, 또한 주님이 하시는 일을 보면서 그들이 영혼을 구원하는 목적으로 자신들을 불러 주신 것을 깨닫기 시작한 것입니다. 우리가 처음 예수님을 믿을 때는 그 목적을 잘 모를 수 있지만 말씀을 듣고 훈련을 받는 가운데 그 목적을 알게 되는 것과 동일합니다. 다른 목적이 있었던 것은 아닙니다. 하나님의 나라는 많은 개종자들을 통해서 이루어지는 것이기 때문에 사람을 낚아서 큰 그물에 담는 사역을 하도록 우리를 부르신 것입니다.

갈릴리 호수에서 제자들을 부르신 예수님께서 오늘 우리에게도 나타나셔서 이렇게 말씀하십니다. 나를 따라오라 내가 너희를 사람을 낚는 어부가 되게 하리라. 어떻게 하시겠습니까? 오늘도 살아계셔서 끊임없이 제자들을 부르신 예수님은 오늘 우리에게 찾아오셔서 우리를 사람 낚는 어부로 부르시고 있습니다. 그리스도인이라면 누구에게나 주어진 영광스러운 직업이 바로 사람 낚는 어부입니다. 과연 나는 그 거룩한 직업을 오늘 기쁨으로 수행하고 있습니까? 감사한 마음으로 수행하고 있습니까? 우리 그리스도인이 매일 수행해야 할 진짜 생업은 사람 낚는 어부입니다. 저는 어느 곳을 가든지, 누구를 만나든지 항상 사람을 낚을 생각을 합니다. 길거리에서 걸을 때에도, 사람들을 만날 때에도, 물건을 살 때도, 택시나 전철을 탈 때도, 음식점에 들어갔을 때에도... 음식점에 들어가서 음식 먹기 전 기도할 때, 기도 마지막 부분에 항상 이런 소원을 간구합니다. 이 식당 안에 있는 모든 사람도 다 예수 믿어 구원에 이르게 되기를 소원하오며, 예수님께 기도하옵나이다. 아멘! 왜 그런 기도를 하느냐 하면, 아무리 점잖게 보이는 사람이라도, 아무리 아름답게 보이는 사람이라도, 아무리 젊은 청년들이라도 지금 낚지 않으면, 영원히 죽을지도 모르기 때문입니다. 사람 일을 어디 알 수 있습니까? 내일 일은 아무도 모르는데, 지금 낚아서 구원해야 영원히 살 수 있기 때문에 그렇게 기도합니다. 어느 토요일에 커피 만들기 수련하는 곳에 가서 함께 참석한 젊은이에게 예수 믿는지 물어 보았습니다. 청년은 원불교를 믿는다고 했습니다. 그때 저는 곧장 예수 믿어야 한다고 설명해 주었습니다.

사회 생활하면서, 직장 생활하면서 혹은 이웃과의 관계에서 만나는 모든 사람들은, 하나님께서 여러분으로 하여금 낚도록 몰아오신 물고기라고 생각하시면 됩니다. 그런 사람들을 그냥 지나치지 마시고 영적인 민감성을 가지고 대하시고, 그 영혼을 위하여 기도하시고 적절한 타이밍에 복된 소식을 전하여서 꼭 낚으시는 축복이 있기를 바랍니다. 우리가 활동하는 모든 영역은 어획고를 올릴 수 있는 어장이라는 사실을 잊지 않아야 합니다. 큰 고기, 작은 고기 가리지 마시고 나에게 붙여주신 영혼을 내가 구원하지 않으면 멸망 받게 된다는 안타까운 마음을 가지시고 그들을 주께로 인도하시기를 소망합니다. 결코 쉽지 않을 것입니다. 가까운 사람일수록 더 어렵습니다. 루터는 '우리의 복음이 평화롭게 받아들여진다면 그것은 참된 복음이 아닐 것이다' 라고 했습니다. 고기잡는 일이 어렵기 때문에 위험이 따르기 때문에 사람들이 기피하는 것처럼 우리도 위험을 감수하지 않으면 이 일을 해 낼 수 없습니다. 그러나 부르심에 대한 분명한 사명을 알면 위험을 감수하고 복음을 전하게 되는 줄 믿습니다.

예수님이 하나님 나라를 건설하면서 필요로 하신 것은 돈이나 건물이 아니라 사람이었습니다. 그래서 일꾼들을 부르셨습니다. 남들이 별로 관심이 없는 고기 잡는 어부 직업을 가진 사람들을 불러 주셨습니다. 보잘것없고, 무식하고, 유약하고, 세상적으로는 별 볼일 없는 사람을 부르셔서 영광스러운 하나님의 일을 하게 하시는 것입니다. 주님께서 부르실 때 우리는 즉각적으로 순종하는 반응을 보여야 합니다. 미적미적하면 주의 손에 잡힌바 되어 사용되는 도구가 될 수 없습니다. 다 목사나 선교사가 되어야 한다는 말은 아닙니다. 우리가 사는 삶의 영역에 부르셔서 하나님의 일을 하게 하시는 것입니다. 물론 어떤 사람은 풀타임 사역자로 부르시기도 하시고, 선교사로 부르시기도 합니다. 그러나 대부분은 자기가 생활하는 삶의 영역 가운데 하나님의 나라를 위해 살도록 부르시는 것입니다. 그러면 우리가 해야 할 일은 무엇입니까? 한마디로 사람 낚는 어부, 즉 사람을 구원하는 일입니다. 최고의 사명이고 가치 있는 일입니다. 이웃에 있는 사람들을 구원하여 하나님의 나라라고 하는 고기 창고에 어선이 가득하게 해야 할 것입니다.

Chapter 8

권위 있는 새 교훈
(Authority of His teaching)

마가복음 1:21-28

그들이 가버나움에 들어가니라 예수께서 곧 안식일에 회당에 들어가 가르치시매 뭇 사람이 그의 교훈에 놀라니 이는 그가 가르치시는 것이 권위 있는 자와 같고 서기관들과 같지 아니함일러라 마침 그들의 회당에 더러운 귀신 들린 사람이 있어 소리 질러 이르되 나사렛 예수여 우리가 당신과 무슨 상관이 있나이까 우리를 멸하러 왔나이까 나는 당신이 누구인 줄 아노니 하나님의 거룩한 자니이다 예수께서 꾸짖어 이르시되 잠잠하고 그 사람에게서 나오라 하시니 더러운 귀신이 그 사람에게 경련을 일으키고 큰 소리를 지르며 나오는지라 다 놀라 서로 물어 이르되 이는 어찜이냐 권위 있는 새 교훈이로다 더러운 귀신들에게 명한즉 순종하는도다 하더라 예수의 소문이 곧 온 갈릴리 사방에 퍼지더라

오늘 우리는 권위가 땅에 떨어지고 권위주의만 난무 하는 이상한 세상에 살고 있습니다. 고위 공직자들이 국민을 다스릴 최소한의 권위가 땅에 떨어지니 백성들이 우왕좌왕합니다. 그들이 만든 법을 우습게 생각하고 잘 지키려 하지 않고 지키면 바보 되는 줄 생각합니다. 정치는 정치인들이 하는 것이고 우리의 삶은 별개의 것으로 여깁니다. 이런 이원론적인 생각을 가지고 있기 때문에 지도자의

말을 믿고 따르려고 하지 않습니다. 그들의 권위를 아예 인정하려고 하지 않습니다. 어느 단체이고 조직체이든지 권위는 있어야 하는데 권위가 추락하고 있습니다. 교회도 마찬가지입니다.

그러면 권위와 권위주의의 차이점은 무엇입니까? 권위주의는 지도자들이 스스로 만드는 것이고, 권위는 아래로부터 만들어 지는 것입니다. 일방적인 명령이나 복종을 강요하는 권위주의는 없어져야 하지만 신뢰와 존경을 통해 만들어지는 권위는 반드시 있어야 합니다. 권위란 아버지가 아들에게 즉 아들이 아버지에게 표하는 당연한 존경심을 말할 수 있습니다. 이것은 아버지가 강요해서 얻어지는 것이 아니라 아들의 마음에서 우러나오는 것입니다. 권위주의는 가족이나 타인에겐 존경을 받지 못하면서 스스로 자신의 위치가 존경 받는 자리임을 내세우는 것을 말합니다. 참된 권위는 자신의 청결한 삶과 도덕성 그리고 정직에 의해서 부여되는 선한 영향력이며 힘입니다. 권위가 없어지면 어떤 공동체든지 질서가 없고 일의 효율성이 떨어집니다. 지도력이 감퇴되어 좋은 영향력을 행사할 수 없습니다.

가르침의 권위

오늘 본문은 안식일에 예수님께서 가버나움에 있는 회당에 들어

가서 말씀을 전하시는 장면입니다. 실제로 가버나움은 예수님의 복음전도 사역활동의 중심무대였습니다. 그곳은 지리적으로 갈릴리 바다의 서북 편에 위치해 있었습니다. 예수님, 마태, 베드로의 집이 있었고 국립세관과 로마의 군대가 주둔한 막사도 있었습니다. 예수님께서는 이곳에서 많은 기적을 행하셨습니다. 시몬의 장모 열병(29-31), 백부장의 종과 혈루증 앓은 여인(5:21-42), 그리고 중풍병자를 고치셨습니다(2:1-12;마9:1-8). '권위 혹은 권세'에 해당하는 헬라어, 엑수시아(ἐξουσία)를 번역하면 '권세', '권리', '권한' '능력' 등을 의미합니다. 예수님께서 진리를 선포할 수 있는 권리(right)와 능력(power)에 대한 전권을 가진 분임이 입증된 것입니다. 그러나 서기관들의 가르침은 그렇지 않았습니다. 예수님은 권세를 가지고 실제적인 것을, 서기관들은 사변적인 것들을 가르쳤습니다. 예수님은 진정한 사랑의 교훈을 남겼지만 서기관들은 삯군의 심정(마23:23)이 더 강하게 다가왔습니다. 예수님은 구원과 영적 갈급함을, 서기관들은 유전과 전통에 매어 형식적인 것들을 가르쳤습니다(마15:2-6). 그들이 율법의 형식만 가르쳤다면 예수님은 그 핵심 내용인 하나님의 사랑인 복음을 가르쳤습니다. 그러므로 군중들은 예수님의 교훈을 들으며 신선한 충격과 놀라움으로 반응했던 것입니다. '뭇사람이 그의 교훈에 놀라니'에서 '놀라니'란 강한 충격을 받아 '정신이 멍하였다' 또는 '넋을 잃고 있었다'는 뜻입니다. 예수님의 가르침은 일반 랍비들과 율법을 기록하고 보존하면서 가르쳤던 서기관들의 틀에 박힌 말씀과는 무엇인가 달랐습니다. 권위가 있고 권세가 있는 파워 있는 말씀이었습니다. 예수님은 정식적인 랍비는 아니었지만 말씀을 가르치는 일에 능력이 있었습니다. 그 파워가 다른 사람들에게 입증이 되었습니다. 자기가 주장하는 권위가 아닌 가르침에 자연스럽게 드러나는 권위였습니다. 이것이 참 권위입니다. 주님만이 가지고 섬겼던 권위가 아니라 그리스도인들은 누구나 가질 수 있는 권위입니다. 가정에서 회사에서 사회에서 교회교육에 있어서 어디서나 주어질 수 있는 권위, 드러날 수 있는 권위입니다. 지식만 난무하고 화려한 말들만 쏟아지는 이 시대에 주님의 진정한 권위를 가져야 할 것입니다. 오늘 우리는 그리스도인이라는 특권의식과 권위주의의 옷을 벗고 진정으로 주님께서 가지셨던 삶과 가르침이 일치한 권위를 낮은 자세로 배워 실천해야 할 것입니다. 가장은 가정에서 자녀들에게 말과 행동이 일치된 권위를 가지고 가르칠 때 자녀들이 순종하며 따르게 될 것이고, 교사들과 교육자들은 학교 현장에서 지식만 아니라 인격과 지식을 함께 가르칠 때 권위를 회복할 수 있을 것입니다. 목회자들은 강단과 가정 그리고 사회에서 정직한 삶과 깨끗한 생활로 모범을 보여 하늘의 권위를 회복해야 할 것입니다.

치유의 권위

권세 있는 예수님의 가르침에 놀란 것은 군중들만이 아니었습니다. "23 마침 저희 회당에 더러운 귀신 들린 사람이 있어 소리질러 가로되 24 나사렛 예수여 우리가 당신과 무슨 상관이 있나이까 우리를 멸하러 왔나이까 나는 당신이 누구인줄 아노니 하나님의 거룩한 자니이다" 군중들 속에 숨어있던 더러운 귀신들린 사람이 놀라서 소리를 질렀습니다. 지금 이 일이 벌어지고 있는 이곳은 회당이고 때는 안식일입니다. 하나님을 경배하러 온 사람들 가운데 더러운 귀신들린 사람이 있었음을 기억하시기 바랍니다. 귀신들린 사람이 회당에 올 수 있는 경우는 치료를 위해 붙잡혀 온 경우밖에는 없을 것입니다. 본문의 내용을 보아서 이 귀신들린 자는 아마 몰래 숨어들어 온 것이 분명합니다. 그러면 왜 그가 숨어들어 왔을까요? '더러운 귀신 들린 사람' 은 '더러운 영에 사로잡힌 사람' 또는 '귀신에게 소유되어 있는 사람' 을 의미합니다. '더러운' (ἀκάθαρτος)이란 말은 '윤리적으로 선한 요소가 다 없어진 것을 묘사하는 말' 입니다.

그러나 권세 있는 예수님의 말씀이 있을 때 이 귀신들린 사람은 더 숨어 있을 곳이 없어졌습니다. 스스로 자신을 나타내어 소리 질러 방해하기 시작했습니다. 병행구절인 누가복음 4:33절에 보면 **'크게 소리 질러'** (ἀνακράζω)로 나와 있습니다. 지금 이곳이 어디입니까? 회당입니다. 그 날이 언제입니까? 안식일입니다. 지금 무엇을 하고 있었습니까? 예수님이 설교하고 있었습니다. 거기서 소리를 지르면서 **"나사렛 예수여 우리가 당신과 무슨 상관이 있나이까 우리를 멸하러 왔나이까 나는 당신이 누구인줄 아노니 하나님의 거룩한 자니**

이다." 이 귀신이 하나가 아닙니다. "**나사렛 예수여 우리가 당신과 무슨 상관이 있나이까?**" 이 귀신들린 자가 '우리가' 라고 고백하고 있습니다. "우리를 멸하러 왔나이까?" 이 귀신들린 자는 '**우리를 멸하러 왔느냐**'고 예수님에게 대들고 있습니다. 이 더러운 영에 사로잡힌 사람은 정확하게 알고 있습니다. 요일3:8절에 보면 "**하나님의 아들이 나타나신 것은 마귀의 일을 멸하려 하심이니라**"한 말씀을 귀신들이 알고 있었습니다. 하나님의 아들 예수님이 이 땅에 오신 이유가 무엇이라고 했습니까? '마귀의 일을 멸하려(죽이려)' 오셨습니다. 귀신들은 자신들의 입으로 고백했습니다. 24절 하반절을 보십시오. "**나는 당신이 누구인줄 아노니 하나님의 거룩한 자니이다 예수님께서 꾸짖어 가라사대 잠잠하고 그 사람에게서 나오라 하시니**"(Be quiet!" said Jesus sternly. "Come out of him!") 여기서 '꾸짖다'(ἐπιτιμάω)는 '경고하다', '명하다', '벌하다' 등의 뜻을 가지고 있습니다. 예수님은 귀신에게 경고하고 명령하고 벌을 줄 수 있는 권세를 가지고 있습니다. 예수님의 권세 앞에 귀신들은 무기력합니다. "**더러운 귀신이 그 사람으로 경련을 일으키게 하고 큰 소리를 지르며 나오는지라**" (25). 더러운 귀신의 마지막 발악으로 경련을 일으켰습니다. '더러운 귀신이 그 사람으로 경련을 일으키게 하고'에서 '경련을 일으키고' 하는 말은 '몸부림치며 몸을 비트는 행위'를 의미합니다. 그것은 육체적으로 상처를 당한 것을 의미하는 것은 아닙니다. 병행구절인 누가복음 4:35절에 "**그 사람은 상하지 아니한지라**"라고 한 것에서 알 수 있습니다. 그러나 귀신은 마지막 발악의 하나로 큰 소리를 질렀습니다. 우리는 본문에서 귀신들의 정체에 대하여 몇 가지 정리할 수 있습니다. 첫째, 더러운 귀신이 실제적으로 그 사람 속에 들어 있었다는 것입니다. 둘째, 귀신에게 분노와 사악한 성품이 있음을 알 수 있습니다. 그리고 셋째, 귀신은 강한 힘에 의해서만 추방 된다는 것을 알 수 있습니다. 넷째, 귀신은 영적인 일을 다 알고 있다는 것입니다. 그리고 사람으로 하여금 정상적인 삶을 살지 못하게 하는 악한 존재, 더러운 존재입니다.

예수님께서 귀신을 꾸짖으시니 경련과 함께 소리를 지르며 떠나갔습니다. 이 모습을 보면 거기 모였던 모든 사람들이 놀랐습니다. 27절의 놀람은 22절에 놀람과는 또 다른 놀람입니다. 22절에서는 서기관들과 다른 가르침에 놀랐다면 27절에서는 축귀하는 신적인 능력을 보고 놀란 것입니다. **"27 다 놀라 서로 물어 가로되 이는 어찜이뇨 권세 있는 새 교훈이로다 더러운 귀신들을 명한즉 순종하는도다 하더라"** 그들은 서로 얼굴을 쳐다보며 놀라 질문을 하였습니다. '이는 어찜이뇨?' 어떻게 말씀 한 마디로 귀신이 도망을 가느냐 하는 질문입니다. 당시의 사람들은 영적 무능력으로 귀신들에게 압도되어 있었습니다. 귀신의 권능에 눌려 대항하지 못하고 무서워하고 있었습니다. 오히려 그 귀신들을 위해 주술, 마술, 제사 등을 통하여 위로하고 있었습니다. 귀신을 내쫓는 방법이 하나 있기는 했습니다. 그 방법은 더 큰 귀신을 불러와 작은 귀신을 내어 쫓는 경우였습니다(마12:24). 그러나 예수님과 같이 큰 권세를 가지고 말씀 한 마디로 승리하는 경우는 못 보았던 것입니다. 예수님이 있는 곳에서는 귀신의 정체가 드러납니다. 예수님의 말씀으로 귀신은 도망가고 멸망을 당합니다. 어떤 귀신이든지 예수님께서 명하시면 순종합니다. 왜냐하면 예수님에게는 권세가 있기 때문입니다. 예수님께서는 믿는 자들에게 하나님의 자녀가 되는 권세를 주셨습니다. 요1:12 **"영접하는 자 곧 그 이름을 믿는 자들에게는 하나님의 자녀가 되는 권세를 주셨으니"** 예수님께서는 12제자들에게 더러운 귀신을 제어하는 권세를 주셨습니다. 막 6:7 **"열 두 제자를 부르사 둘씩 둘씩 보내시며 더러운 귀신을 제어하는 권세를 주시고"** 예수님은 70인 전도자들에게도 원수의 능력을 제어할 권세를 주셨습니다. 눅10:19 **"내가 너희에게 뱀과 전갈을 밟으며 원수의 모든 능력을 제어할 권세를 주었으니 너희를 해할 자가 결단코 없으리라"** 예수님께서 여러분에게도 귀신을 제어할 권세를 주신 줄 믿습니다. 예수님께서는 하늘의 능력과 권세를 다 가지고 계십니다. 우리는 주님께서 주신 권세가 있습니다. 주님께서 주신 권세가 있기 때문에 어떤 악한 영의 능력이라도 이길 수 있습니다. 이것이 주님께서 보여주신 권세가 있는 새 교훈입니다. 주님께서 주시는 권위를 가지고 숨어 활동하는 귀신들을 놀라게 하고 멸하시기 바랍니다. 귀신들은 사람들을 잡아 소리를 지르게 합니다. 경련을 일으키고 거품을 흘리게 하고 심히 상하게 합니다(눅9:39). 귀신들은 사람들을 죽이려고 합니다. 불과 물에 자주 던집니다(막9:22). 마귀는 도적질하고 죽이고 멸망시키려고 이 세상에 왔습니다(요10:10). 주님은 이 마귀가 하는 일을 멸하기 위해 오셨습니다. 그리고 우리에게 그 일을 부탁하셨습니다. 또한 마귀를 이길 권세를 주셨습니다. 교회에는 이러한 귀신에 사로잡혀 정상적인 삶을 살지 못하는 사람들이 많이 옵니다. 개척교회나 작은 교회는 더더욱 그렇습니다. 정신병 환자들, 술주정뱅이, 가정 실패자, 사회에 문제아들 등 고침 받아야 할 사람들이 많이 옵니다. 주님의 권세로 그들을 돌보면 새사람이 되는 하나님의 능력을 경험하게 될 것입니다.

탁월한 권위

예수님의 탁월한 권위는 가르치는 방법에 있지 않고 내용에 있었습니다. 그 새 교훈의 내용은 바로 '하늘복음'이었습니다. 세상의 교육과 가르침은 사람들에게 지식이나 정보는 줄 수 있어도 사람을 살리지는 못합니다. 그러나 예수님의 가르침은 앞에서 살펴 본 것처럼 서기관들이나 그 당시의 율법 교사들의 가르침과는 다른 것이었습니다. 예수님의 탁월성의 정체는 바로 복음 그 자체였습니다. 복음을 전할 때 능력이 나타납니다. 가르침만 있었던 것이 아니라 실제 치유와 섬김에 그것이 증표로 나타났습니다. 기쁜 소식 복된 소식은 바로

1) 약속하신 메시야가 세상의 구세주로 왔다는 소식입니다.

수가성 우물가의 사마리아 여인은 이 기막힌 복음의 현장을 직접 체험하였습니다. 그녀는 사마리아인이라고 하는 혈통의 불만, 여자라고 하는 불만, 조상의 전통(야곱의 우물)이라고 하는 데서 오는 불만, 과거의 남편 다섯이라고 하는 불만, 그리심산에서의 예배라고 하는 불만으로 목말라하고 있었습니다(요 4:2~24). 그녀는 메시야, 곧 그리스도라 하는 이가 오실 줄 내가 아는데, 그가 오시면 이 모든 목마름을 시원케 해주실 것이라고 하였습니다(요 4:25). 그때 예수께서 그녀에게 '네게 생수를 주겠다고 말한(요 4:14) 내가 그로라(요 4:26)!' 고 하였습니다. 바로 그 시간, 그녀의 마음에 생수가 강같이 흘렀습니다. 그녀의 가슴을 적셔준 생수의 강물은 온 사마리아인들의 마음을 적셔주었습니다. 그 결과 그들은 예수를 세상의 구주로 고백하는 축복의 생수를 마셨습니다(요 4:42). 메시야께서 마시게 해주신 영생수의 샘물은 바로 인류의 죄를 위하여 흘려주신 십자가 대속의 보혈입니다. 사죄의 피입니다. 구속의 피입니다. 해방의 피입니다. 능력의 피입니다. 화목의 피입니다. 하나님의 자녀가 되게 하는 권세의 피입니다. 그렇다면 그것은 하나님께서 나를 사랑하셨다는 소식입니다. 나를 사랑하사 그의 독생자를 나에게 보내셨다는 소식입니다. 바로 그 분 자신이 역사의 현장 한가운데에 서서 말씀하고 행동하고 있었습니다. 그래서 사람들이 그분에게 몰려가고 있었습니다. 그가 세상의 구세주라고 하는 사실이 새 교훈의 실체요, 정체였습니다.

2) 그를 믿으면 구원을 받고, 하나님의 자녀가 된다는 소식입니다.

요한복음 5장 24~25절에 "내가 진실로 진실로 너희에게 이르노니 내 말을 듣고 또 나 보내신 이를 믿는 자는 영생을 얻었고 심판에 이르지 아니하나니 사망에서 생명으로 옮겼느니라 진실로 진실로 너희에게 이르노니 죽은 자들이 하나님의 아들의 음성을 들을 때가 오나니 곧 이 때라 듣는 자는 살아나리라"고 하였습니다. 여기 '죽은 자'란 예수를 불신하는 자를 가리킵니다. '하나님의 음성'이란 예수의 소식, 곧 구원의 복음을 가리킵니다. '듣는다'는 말은 '믿음'을 가리킵니다. '사망에서 생명으로 옮겼다'는 말은 바로 영생할 구원을 가리킵니다. 그 사람들에게 하나님의 자녀가 되는 권세가 주어진다고 하였습니다. 요한복음 1장 12절에 **"영접하는 자 곧 그 이름을 믿는 자들에게는 하나님의 자녀가 되는 권세를 주셨으니"**라고 하였습니다. 이것은 하나님의 성령의 초자연적 역사라고 하였습니다(요 3:5). 절대로 육으로 될 수 없는 일이라고 하였습니다. '육으로 된 것은 육이요, 영으로 난 것은 영'이라고 하였습니다. **"살리는 것은 영이니 육은 무익하니라 내가 너희에게 이른 말이 영이요 생명이라"**(요 6:63)고 하였습니다.

복음을 통한 치유와 섬김이 기적을 가져옵니다. 어느 교회의 한 성도는 예수 믿고 완전히 변했습니다. 신앙생활에 기쁨을 가지고 열심히 다니고 있습니다. 원래 이 성도는 그런 인생을 살던 사람이 아니었습니다. 어느 날 이 분이 자살을 결심하고 마지막으로 '생명의 전화'에 전화하고 죽으려고 했습니다. 마침 전화를 받았던 분이 그 교회 집사님이었습니다. 그 집사님이 교회의 비슷한 처지에 있다가 예수를 믿고 목장의 목자로 섬기고 있는 분을 연결해 주었습니다. 두 분이 만나서 서로 이야기 하는 가운데 너무 비슷한 삶을 살았음을 알게되었습니다. 사업을 하다가 빚더미에 안게 되고, 신용불량자가 되면서 돈 한 푼 얻어 쓸 데도 없어지게 되자 가족들로부터 따돌림을 당하고 아내와는 이혼을 하고, 술로 방탕한 삶을 살았습니다. 그러다가 이제 오갈 데 없어 생을 스스로 정리해야 되겠다는 생각을 가졌는데 그 목자를 만나서 도움을 얻고 신앙생활 하는 가운데 충주에 있는 농장을 소개 받아 그곳에서 일하면서 건강도 되찾게 되고, 돈도 벌게 되고, 무엇보다 삶의 목적을 찾고 다시 신앙생활이 회복되었다는 것입니다. 주님의 권위를 가지고 섬길 때, 그 권위를 회복할 때 놀라운 기적이 일어나게 되는 것입니다.

예수님은 하늘의 권세를 가지고 새 교훈을 세상 사람들이 가르치는 교육과는 다른 내용으로 사람들을 가르쳐 사람들을 깜짝 놀라게 했습니다. 권위가 있고 권세가 있는 가르침이었습니다. 율법의 껍데기만 가르친 것이 아니라 내용의 진수를 가르침으로 감동이 있었고, 변화가 있었습니다. 회당에서 귀신들린 사람의 정체가 드러나 귀신이 쫓겨나는 역사가 있었습니다. 예수님의 가르침과 섬김은 말과 행동이 일치하는 강한 힘을 가치고 있었습니다. 정말 부러운 교육의 내용과 반응입니다. 우리도 주님이 가지고 가르쳤던 복음의 내용을 가지고 가르치면 놀라운 반응이 일어날 것입니다. 비정상적인 삶을 사는 사람들이 참 많습니다. 바른 진리, 교훈, 권위를 가지고 바른 길로 인도하는 섬김의 자세를 가져야 할 것입니다. 주님의 가르침만이 참 능력과 회복의 역사를 일으킬 수 있습니다. 이러한 권위를 교회와 성도들이 회복해야 할 것입니다.

Chapter 9
예수님의 치유사역
(Jesus' healing)

마가복음 1:29-34

회당에서 나와 곧 야고보와 요한과 함께 시몬과 안드레의 집에 들어가시니 시몬의 장모가 열병으로 누워 있는지라 사람들이 곧 그 여자에 대하여 예수께 여짜온대 나아가사 그 손을 잡아 일으키시니 열병이 떠나고 여자가 그들에게 수종드니라 저물어 해 질 때에 모든 병자와 귀신 들린 자를 예수께 데려오니 온 동네가 그 문 앞에 모였더라 예수께서 각종 병이 든 많은 사람을 고치시며 많은 귀신을 내쫓으시되 귀신이 자기를 알므로 그 말하는 것을 허락하지 아니하시니라

우리가 겪는 질고는 한 사람에게만 국한 되는 것이 아니라 모든 사람들이 동일하게 노출되어 있는 위험입니다. 사스나 신종 플루, 그리고 대장균, 박테리아 등 최근 위협이 되고 있는 유행병뿐만 아니라 우리가 알지 못하는 각종 질병에 우리는 무방비로 노출 되어 있습니다.

한 사람이 가정에서 아프면 모든 가족들이 함께 그 고통의 짐을

져야 합니다. 개인의 질병으로 치부하기에는 너무나 큰 고통이 있습니다. 가족 중에 한 사람이 아프면 모든 식구들이 다 고통을 느끼며 같이 고통을 감내 해야 하는 것이 오늘의 현실입니다. 어떤 질병은 한 사람이 걸리면 다른 식구들에게도 치명적인 감염이 될 수 있고, 고통을 함께 나누어야 하는 어려움도 없지 않습니다. 특히 부모님 중에 한분이 아직 연세가 많지 않음에도 불구하고 지병으로 고생을 하면 집안이 쑥대밭처럼 되는 경우를 많이 보게 됩니다. 사업이 제대로 이루어지지 않고 모든 가정생활의 균형이 깨지는 것을 경험합니다. 이렇게 아프지 않고 모든 가족들이 건강하게 살다가 천국에 가면 좋은데, 현실은 그렇지 않기 때문에 안타까움이 있습니다.

베드로의 장모의 열병을 고치심

오늘 본문도 베드로의 장모님 댁이 그러한 형편에 있음을 알 수 있습니다. 가정의 등불과 같은 어머니가 열병에 걸림으로 인하여 집안 꼴이 엉망이 되었고, 예수님께서 그 집에 찾아 오셨지만 예수님을 대접할 만한 형편이 되지 못했습니다. 추측하건대 성전에서 귀신들린 사람이 한바탕 소란을 피울 때 예수님께서 꾸짖어 고치신 사건을 보면서 베드로가 열병으로 고생하는 장모님을 위해 예수님을 모시고 가신 것으로 생각이 됩니다. 회당에서 말씀하신 예수님의 말씀과 축귀하신 것을 곧 바로 자신들의 삶에 적용시키기를 원하였던 것입니다.

예수님 당시의 사람들은 순수한 믿음을 가졌던 것 같습니다. 다른 사람의 아픔을 남의 탓으로 돌리지 않고 자신들의 아픔으로 알고, 예수님께 말씀 드리면 고쳐 주실 것으로 확신하고 간청했던 것입니다. 예수님은 다른 사람의 아픔을 나의 아픔으로 알고 간구하는 사람들의 기도를 들으시는 분입니다. 가족과 이웃 중에 아픈 분들이 있습니까? 고통 중에 있는 형제자매들이 있습니까? 그들을 위해서 중보 기도해 보십시오. 우리 하나님은 즉시 그 기도를 들어 주실 것입니다.

베드로의 장모님의 병은 바로 고열증세로 인하여 그 열이 떨어지지 않으면 죽음에까지 이르는 심각한 병입니다. 열병은 헬라어 프레소사(πυρέσσουσα)를 번역한 단어로 신약에 여섯 번만 쓰였습니다, 네 번은 공관복음서에서 이 시몬의 장모와 관련해서 사용되고 나머지 두 번은 다른 사건과 관련되어 사용되었습니다. 열병은 일종의 화병으로 어떤 예기치 않은 일로 불편한 감정이 생겨 그것 때문에 화가 치밀어 오르고 입술이 바싹 바싹 타오르고 몸에 열이 생기고, 그러다가 오한도 생기는 마음의 병입니다. 열병은 구약의 히브리어 '하라'라는 동사와 관련되어 있습니다. '하라'라는 동사는 민11:1, 11:10, 22:22, 25:3, 32:10,13 등에 사용되었는데 목이 곧은 이스라엘 백성들이 하나님의 뜻을 저버렸을 때 하나님이 진노하셨다는 의미입니다 이 '하라' 라는 단어의 원뜻은 '타오르다' 는 의미인데 여호와 하나님께서 끊임없이 못된 짓만 하는 이스라엘 백성들에게 분통을 터뜨리실 때 사용된 단어입니다, 하나님도 화를 내시는 분이십니다. 사랑하는 이스라엘 백성이지만 못된 짓을 할 때 참고 또 참고 하시다가 이놈들 그냥 놔둬서는 안 되겠다 하실 때 호되게 분노하는 것을 표현하는 단어입니다. 화가 분출되어 밖으로 타오른 것처럼 속에 있는 화병이 고열로 드러나는 질병입니다, '타오르다' 라는 '하라' 라는 동사에서 파생된 단어가 '하르 후르', 곧 마음의 병인 열병입니다.

사람은 화병이 있으면 모든 면역기능이 약화되기 때문에 바이러스에 의해 감염이 쉽게 되어 고열 증세를 보이면서 죽게 됩니다. 옛날에 장티푸스에 걸리면 심한 고열과 더불어 혼수 상태에 빠지게 되고, 온 몸이 새까맣게 되면서 죽었다고 합니다. 현재는 예방 백신이 개발되어 그 병으로 죽는 사람들이 거의 없게 되었지만 신종플루나 중국과 홍콩 등지에서 시작되었던 '사스' 라는 질병은 고열과 더불어 사람이 시름시름 죽는다고 합니다. 성경에서 마음의 근심의 폐해를 다음과 같이 말하고 있습니다.

잠15:13 마음의 즐거움은 얼굴을 빛나게 하여도 마음의 근심
은 심령을 상하게 하느니라
잠17:22 마음의 즐거움은 양약이라도 심령의 근심은 뼈로 마
르게 하느니라

고후7:10 하나님의 뜻대로 하는 근심은 후회할 것이 없는 구원에 이르게 하는 회개를 이루는 것이요 세상 근심은 사망을 이루는 것이니라.

소위 화병은 많은 근심과 염려 과도한 스트레스를 통해서 주어지는 것인데, 결국 모든 지체의 기능을 마비시켜 엄청난 질병을 유발시키는 것입니다. 이렇게 고열로 인하여 죽어가는 베드로의 장모를 주님이 긍휼히 여기시고 치유하시는 모습을 보게 됩니다. 그녀의 손을 잡고 일으켜 주셨습니다. 간혹 우리는 환자의 손을 잡아 사랑과 관심을 보일 때가 있습니다. 손으로 만져 주는 것과 그렇지 않는 것의 차이는 하늘과 땅입니다. 하지만 예수님께서 그녀의 손을 잡아 주신 것은 그 열병을 가져가신 행위입니다. 그래서 나중에 예수께서 십자가 위해서 그 뜨거운 열을 받으심으로 "내가 목마르다"라고 절규 하신 것입니다. 우리가 그 분의 이름으로 병 고침을 받고, 은혜를 받는 것은 예수님의 십자가 위에 당한 고통 때문입니다. 이사야는 그의 십자가 사건을 다음과 같이 예언하고 있습니다.

사 53:4-5 "그는 실로 우리의 질고를 지고 우리의 슬픔을 당하였거늘 우리는 생각하기를 그는 징벌을 받아서 하나님에게 맞으며 고난을 당한다 하였노라. 그가 찔림은 우리의 허물을 인함이요 그가 상함은 우리의 죄악을 인함이라 그가 징계를 받음으로 우리가 평화를 누리고 그가 채찍에 맞음으로 우리가 나음을 입었도다"(마태 8:17)

사53:10 "여호와께서 그로 상함을 받게 하시기를 원하사 질고를 당케 하셨은즉 그 영혼을 속건 제물로 드리기에 이르면 그가 그 씨를 보게 되며 그 날은 길 것이요 또 그의 손으로 여호와의 뜻을 성취하리로다"

베드로는 예수님의 채찍 맞음이 바로 우리의 질병을 위한 것임을 다음과 같이 말하고 있습니다. 벧전2:24 "친히 나무에 달려 그 몸으로 우리 죄를 담당하셨으니 이는 우리로 죄에 대하여 죽고 의에 대하여 살게 하려 하심이라 저가 채찍에 맞음으로 너희는 나음을 얻었나니"

예수님이 채찍을 맞으신 것과 십자가 위에서 못 박히신 사건은 우리의 전 육체적, 정신적 고통을 담당하신 것이었습니다. 그리하여 우리는 나음을 입고 고침을 받게 된 것입니다. 예수님은 베드로의 장모를 일으켜 세우셨습니다. 그녀의 고열을 가져 가시고 정상적인 체온을 유지하도록 하셨습니다. 그 여자는 자리에서 벌떡 일어나 완쾌되었습니다. 어지럽거나 원기를 회복하는 기간이 필요하지 않고 즉시 일어나 정상적인 컨디션을 유지하게 되었습니다. 주님의 만져 주심과 치료는 이렇게 완전한 것입니다. 그 어떤 질병도 주님께서 낫게 하시면 치유되는 줄 믿습니다.

31절입니다. "나아가사 그 손을 잡아 일으키시니 **열병이 떠나고 여자가 저희에게 수종드니라**" 이제 베드로의 장모가 열병에서 낫자마자 그 은혜가 너무나도 감사해서 "수종을 들었다"고 했습니다. 이 말은 예수님과 그 제자들을 크게 섬겼다는 말입니다. 베드로의 장모니까 나이가 많을 수도 있습니다. 자기 사위가 예수님의 제자가 되었으니 어쩌면 당연하게도 받아들일 수도 있을 것입니다. 그러나 베드로의 장모는 그렇게 하지 않고, 예수님과 그 제자들을 위하여 섬기는 일(ministered)을 시작한 것입니다. 이 얼마나 아름답고 놀라운 일입니까? 정말 하나님의 은혜를 아는 사람은 말로만 하지 않습니다. 그 은혜와 축복에 대하여 진정으로 감사할 줄 아는 사람이 되는 것입니다. 이 놀라운 감사의 표현으로 어떤 사람은 자기 재물을 주님께 드리는 사람도 있고, 자기 생명을 주님의 나라를 위하여 드리는 사람도 있습니다. 먼 타국에 가서 자신의 생명을 헌신 하는 선교사님들도 있습니다. 그러면서도 자기를 나타내지 않고, 베드로의 장모처럼 주님의 나라를 위하여 수종드는 아름다운 모습을 볼 수 있습니다.

우리가 분명히 알 수 있는 것은 평소에도 그 여인은 다른 사람들을 잘 대접했다는 것입니다. 하루아침에 대접 할 수 있는 것이 아니라 평소에 가진 좋은 습관이 은혜를 받으니 더욱 빛이 나게 된 것입니다. 평소에 잘 하는 분들이 질병이 걸렸다가 나음을 입게 되면 더 충성하고 봉사하게 되고, 은혜에 보답하는 삶을 살게 됩니다. 평소에 섬김이 몸에 배이지 않으면 은혜를 받아도 대접하지 않습니다. 가만히 보면 대접과 섬김이 몸에 익숙해진 사람들은 언제나 잘 합니다. 그러나 습관이 안 된 사람은 너무나 큰 은혜를 받았음에도 불구하고 잘 섬기지 않습니다. 베드로의 장모는 은혜를 받았다고 자기 만족에 차서 소란을 떨거나 안주한 것이 아닙니다. 우리는 오늘 복음에서 이 점을 확실히 배워야 합니다. 자신이 역경에 처했을 때 회복되는 은혜를 받았건, 지난날의 자신의 처지보다 더 나은 생활이나 학식, 지위가 높아졌건, 그것은 세상에서 자신이 편안하게 지내라고 주어진 은혜가 아니라, 하나님과 다른 이들에게 보다 더 크게 봉사하기 위해서 주어진 은혜라는 것을 확실히 알아야 할 것입니다.

주님께서 우리를 만져 주시면 우리의 모든 기능이 정상적으로 돌아와 봉사의 자리, 섬김의 자리에 있게 됩니다. 우리가 하나님의 은혜를 입었으면 교회와 사회를 섬기는 일을 해야 합니다. 은혜 받은 자의 모습은 어떤 자리에서든지 섬김으로 완전해진 것을 드러내는 것입니다. 환자들의 특징은 늘 섬김을 받으려고 하지만 건강한 사람은 섬김으로 더 건강해 지는 것입니다. 모든 성도들이 영적, 정신적, 육체적 질병으로부터 고침을 받고 섬김으로 하나님의 나라를 세워가는 복이 있기를 간절히 소망합니다.

귀신 들린 자를 치유하심

예수님의 치유 사역에 대한 소문을 들었던 사람들은 베드로의 장모의 집 문 앞에서 인산인해를 이루었습니다. 각지에서 육신의 질병에 노출된 사람과 더불어 정신적으로 문제를 가진 귀신들린 사람을 데리고 왔습니다. 우리가 귀신들린 사람을 이해할 때 단순히 영적으로만 치부하면 안 됩니다. 우리의 육체와 정신과 영적인 것은 사로 결합되어 있기 때문에 분리해서 생각할 수 없습니다. 육체가 약하면 정신도 약해지고 영적으로도 혼미할 수 있습니다. 거꾸로도 생각할 수 있는데, 영적으로 약하면 정신적으로 문제가 생기고 영육이 약하면 육체도 쇠하여질 수 있고 질병에 걸리게 되어 나중에 영과 육이 함께 죽게 되는 것입니다.

어떤 경우에는 현상학적으로 드러나는 것이 영적인 문제로 인한 것인 경우가 허다합니다. 사탄은 하나님의 나라를 위한 유익한 일에는 사람을 넘어지게 하고 괴롭게 합니다. 예전에 있었던 어느 집회에 한 은퇴목사님이 오셔서 간증을 했습니다. 자신의 딸이 기도원 원장인데 큰 집회를 며칠 앞두고 그냥 몸을 쓸 수 없을 정도로 혼미하고 온 근육에 힘이 빠지더니 급기야 무의식 상태가 되었습니다. 급히 구급차에 실려 대구에 있는 큰 병원으로 후송이 되었는데 의사들은 빨리 수술을 하지 않으면 생명이 위독해 질 수 있다고 했습니다. 목사님 내외분은 이것은 수술할 병이 아니라는 생각이 들었습니다. 기도하면서 시간을 기다렸는데 얼마 있지 않아서 의식이 돌아오고 회복되어 큰 집회를 은혜 가운데 마칠 수 있었다고 합니다. 이렇게 사탄은 하나님의 사람들을 괴롭히고 사역을 할 수 없도록 만드는 것입니다.

우리 주님은 귀신들의 장난을 잘 아시고 물리치심으로 하나님의 나라를 세워가고 확장해 가시는 것입니다. 지난 시간에 살펴 본 것처럼 귀신들이 회당 안에까지 활동하는 것을 볼 수 있습니다. 사탄은 가정이나 직장, 심지어 교회 안에까지 들어와 활동하는 것을 보게 됩니다. 하지만 그리스도께서 임재하시고 역사하는 곳에는 사탄이 물러가고 하나님의 나라가 왕성하게 되는 줄 믿습니다.

주님은 귀신들의 정체를 잘 아시고 통제 하실 수 있기 때문에 그들이 말하는 것을 허락하지 않았습니다(34). 모든 악한 영들과 귀신은 그리스도의 통제 아래 있습니다. 십자가를 통한 완전한 승리를 이루어 이제 그들은 죽음의 날, 무저갱에 들어갈 날만 기다리고 있습니다. 귀신을 내어 쫓으시고 승리를 주신 주님을 찬양합시다.

요일3:8절에 보면 **"하나님의 아들이 나타나신 것은 마귀의 일을 멸하려 하심이니라"** 한 말씀을 귀신들이 알고 있었습니다. 하나님의 아들 예수님이 이 땅에 오신 이유가 무엇이라고 했습니까? "마귀의 일을 멸하려(죽이려)" 오셨습니다. 예수님은 귀신에게 경고하고 명령하고 벌을 줄 수 있는 권세를 가지고 있습니다. 예수님의 권세 앞에 귀신들은 무기력합니다. 예수님께서는 사람 속에 활동하는 더러운 귀신을 내어 쫓으심으로 정상적인 삶을 살도록 하셨습니다. 우리는 본문에서 귀신들의 정체에 대하여 몇 가지 정리할 수 있습니다. 첫째, 더러운 귀신이 실제적으로 그 사람 속에 들어 있었다는 것입니다. 둘째, 귀신에게 분노와 사악한 성품이 있음을 알 수 있습니다. 그리고 셋째, 귀신은 강한 힘에 의해서만 추방 된다는 것을 알 수 있습니다. 넷째, 귀신은 영적인 일을 다 알고 있다는 것입니다. 그리고 사람으로 하여금 정상적인 삶을 살지 못하게 하는 악한 존재, 더러운 존재입니다.

오늘날도 귀신들은 사람들 속에 들어와 영적으로 압도하고 있습니다. 많은 사람들이 귀신의 권능에 눌려 대항하지 못하고 무서워하고 있습니다. 오히려 그 귀신들을 위해 주술, 마술, 제사 등을 통하여 위로하고 있습니다. 귀신을 내쫓는 방법이 하나 있기는 했습니다. 그 방법은 더 큰 귀신을 불러와 작은 귀신을 내어 쫓는 경우입니다(마12:24). 온갖 푸닥거리를 통해서 귀신을 내어 쫓아보지만 일시적입니다. 그러나 예수님이 있는 곳에서는 귀신의 정체가 드러납니다. 예수님의 말씀으로 귀신은 도망가고 멸망을 당합니다. 어떤 귀신이든지 예수님께서 명하시면 순종합니다. 왜냐하면 예수님에게는 권세가 있기 때문입니다. 예수님께서는 하늘의 능력과 권세를 다 가지고 계십니다. 우리는 주님께서 주신 권세가 있습니다. 주님께서 주신 권세로 어떤 악한 영의 능력이라도 이길 수 있습니다. 이 시대를 살아가는 우리는 주님께서 주시는 권위를 가지고 숨어 활동하는 귀신들을 놀라게 하고 멸할 수 있습니다. 주님께서 우리에게 그 일을 부탁하셨습니다. 그리고 마귀를 이길 권세를 주셨습니다. 교회에는 이러한 귀신에 사로잡혀 정상적인 삶을 살지 못하는 사람들이 많이 옵니다. 개척교회나 작은 교회는 더더욱 그렇습니다. 정신병 환자들, 술주정뱅이, 가정 실패자, 사회에 문제아 등 고침 받아야 할 사람들이 많이 옵니다. 주님의 권세로 그들을 돌보면 새 사람이 되는 하나님의 능력을 경험하게 될 것입니다.

새찬송 350장,

1. 우리들이 싸울 것은 혈기 아니오 우리들이 싸울 것은 육체 아니오
   마귀권세 맞서 싸워 깨쳐 버리고 죽을 영혼 살릴 것일세
(후렴) 한마음으로 힘써 나가세 한마음으로 힘써 싸우세
   악한 마귀 군사들과 힘써 싸워서 승전고를 울리기까지
3. 악한 마귀 제아무리 강할지라도 우리들의 대장 예수 앞서 가시니
   주저 말고 용감하게 힘써 싸우세 최후 승리 얻을 때 까지

주님 의지하고 나아가면 모든 악한 원수 물러가고 참 평화 얻게 될 줄 믿으시기 바랍니다.

각종 병을 고치심

예수님께서는 다양한 병에 걸려 고통당하는 사람들을 다 고쳐 주셨습니다. 우리 주님께서는 만병의 대(大)의사이십니다. 일반 의사들은 자신이 전공한 분야 외에는 잘 모르기 때문에 고칠 수 없지만

우리 주님은 우리의 영과 육 그리고 정신까지 다 알고 계시기 때문에 그 어떤 병도 고칠 수 있습니다. 사람은 다른 사람의 병을 가져갈 수 없지만 우리 주님은 그것을 가져가십니다. 아무리 심각한 병도 주님께 가져가면 탈이 없습니다. 나병 환자 즉 한센 병을 고치는 의사들은 오랫동안 그 병을 치료하다가 자신도 그 병에 걸려 죽는 경우도 있습니다만 예수님은 아무리 험한 병을 가져가도 자신은 그 병 때문에 죽지 않습니다. 주님을 의지 하고 나아 갈 때 우리의 질병은 깨끗하게 나을 줄 믿습니다.

그런데 문제는 우리의 질병이 금방 낫지 않는다는 것입니다. 요사이 유행하는 '디지털 치매'는 휴대폰, 컴퓨터 등 디지털 기기에 지나치게 의존한 나머지 기억력과 계산력이 크게 떨어지고 과다한 정보 습득으로 인해 건망증 증세가 심해진 상태를 뜻하는 신조어인데 현대인은 인내력도 많이 약해졌습니다. 늘 즉각적인 결과를 원합니다. 우리의 믿음과 기도는 어떠합니까? 회당장 야이로는 예수님께 아이를 살려달라고 했고, 예수님은 야이로의 요청에 기꺼이 응하셨습니다. 그러나 군중이 몰려들면서, 걸음은 늦어지고, 혈루증 여인이 등장하여 시간이 지체되고, 결국 집으로 가는 도중에 야이로의 딸이 죽게 됩니다. 믿음의 위기가 찾아왔습니다. 신앙이 흔들립니다. 진이 빠져버린 야이로에게 예수님이 말씀하셨습니다. "두려워 말고 믿기만 하거라." 예수님은 더 높은 믿음으로 야이로를 부르셨습니다. 믿을 수 없는 그때에 믿음을 요구하셨습니다. 야이로는 딸의 죽음 소식에도 불구하고 끝까지 예수님을 신뢰했습니다. 야이로의 처음 믿음보다 나중 믿음이 더 커졌습니다. 그리고 높은 기준에 도달하자 야이로는 더 큰 것을 보게 됩니다. 딸아이가 살아난 것입니다. 더딘 응답은 하나님의 섭리입니다. 우리의 성숙을 바라시는 하나님의 사랑일 수 있습니다. 더딘 응답이야말로 느림의 미학입니다. 성숙은 느림 속에서 이루어지는 것입니다. 여러분들의 지병으로 기도하다가 지치지는 않았습니까? 이때야말로 진짜 믿음이 필요한 때이며, 더 낮아질 때, 더 하나님을 의지할 때입니다. "두려워하지 말고 믿기만 하거라"는 주의 말씀을 붙들고 포기하지 않고 인내하면 우리 주님이 찾아 오셔서 만져 주시고 치유해 주실 것입니다. 우리 주님은 신실하신 의사이십니다.

예수님은 우리의 약함을 친히 체휼하신 분이십니다. 히4:15에서 **"우리에게 있는 대제사장은 우리 연약함을 체휼하지 아니하는 자가 아니요 모든 일에 우리와 한결 같이 시험을 받은 자로되 죄는 없으시니라"**고 했습니다. 우리의 화병과 열병을 고치시는 능력의 주님이십니다. 그는 정신적이고 영적인 문제를 해결해 주시는 해결사이십니다. 예수님은 그 어떤 종류의 질병도 고쳐 주실 수 있는 분이십니다. 우리가 분명하게 붙잡아야 하는 진리는 질병 치유의 한 가지 목적이 다른 사람을 섬기고 봉사는 하는데 있다는 것과 질병에 대해서 인내해야 한다는 것에 있습니다. 그 분을 의지하여 치유를 입고 건강하게 회복되어 행복한 삶을 사시는 성도들이 되시기를 축복합니다.

Chapter 10
예수님의 기도와 전도
(Prayer and evangelism)

마가복음 1:35-39

새벽 아직도 밝기 전에 예수께서 일어나 나가 한적한 곳으로 가사 거기서 기도하시더니 시몬과 및 그와 함께 있는 자들이 예수의 뒤를 따라가 만나서 이르되 모든 사람이 주를 찾나이다 이르시되 우리가 다른 가까운 마을들로 가자 거기서도 전도하리니 내가 이를 위하여 왔노라 하시고 이에 온 갈릴리에 다니시며 그들의 여러 회당에서 전도하시고 또 귀신들을 내쫓으시더라

기도보다 더 중요한 것 없고 전도보다 더 바쁜 일이 없습니다. 병 고치며 귀신들린 자를 고치시는 예수님의 사역은 너무나 중요하고 귀한 일이었습니다. 많은 사람들이 병 고침을 받고 온전한 정신으로 살아가게 됨으로 인하여 예수님의 이름이 더 많이 알려지게 되었고, 그의 신성이 더 확인되었습니다. 어쩌면 최고의 인기를 누리며 모든 군중들의 마음을 사로잡아 새로운 정권을 창출하고, 새로운 지도자로 부상할 수 있는 절호의 찬스가 온 것입니다. 그러나 우리 주님은 삶의 목적이 그것이 아니었기 때문에 겉으로 드러나는

사역도 중요시 했지만 그것보다 더 중요한 것이 있었으니 곧 하나님 아버지와 깊이 있게 교제하는 일이었습니다. 예수님은 타이어에 펑크가 난 후에 하나님께 도움을 요청한 것이 아니라 고속도로에서 쌩쌩 잘 나갈 때 조심하고 기도하면서 인생을 즐겼던 것입니다. 평범한 사람들은 잘 나갈 때 기도하지 않고 한쪽 바퀴에 구멍이 나면 그 때서야 하나님께 울면서 돌아옵니다. 너무나 위험한 일입니다. 평소에 타이어를 잘 점검하면서 달려가면 사고 나지 않습니다. 예수님의 생애는 바로 이런 모습을 우리에게 보여 줍니다.

기도하시는 예수님

"**새벽 아직도 밝기 전에**"(Very in the morning, while it was still dark) 예수님은 일어나 한적한 곳에 가서 기도하셨습니다. 예수님의 하루는 기도로 시작하는 삶이었습니다. 그의 모든 사역의 근간은 바로 기도생활이었습니다. 예수님은 자신의 일을 하신 것이 아니라 아버지께서 하라고 하신 일에 충실했습니다. 그렇게 하기 위해서는 하나님과의 대화를 통해서 아버지의 뜻을 물어야 했고, 그 뜻을 파악하는 것이 필요했습니다. 결혼 상담 전문가인 게리 스멜리는 건전한 결혼 관계를 위해서는 매일 한 시간 정도 대화의 시간이 필요하다고 했습니다. 바로 이것이 서로의 관계를 두텁게 해 주는 원동력입니다. 대화가 없이는 상대의 마음과 깊은 뜻을 알 수 없고 결국 오해가 쌓여 건강한 관계를 유지하지 못하고 맙니다. 회사나 작은 조직체에서도 사원들이나 회원들이 자기의 할 일을 팀장이나 부장 아니면 회장님이나 사장님과의 허심탄회한 대화를 통해서 자신의 일을 찾고 문제를 풀어가는 것과 같은 이치입니다. 예수님은 자신의 뜻에 따라 행동해도 실수함이 없지만, 늘 아버지의 뜻에 순종하려는 태도를 견지하고 있었기 때문에 하나님과의 소통을 게을리 하지 않았습니다.

기도는 모든 삶의 기초가 되고 사역의 힘을 공급 받는 통로가 됩니다. 요사이 "소통"이라는 말을 즐겨 사용하는데 기도는 하나님과의 소통입니다. 소통이 이루어지지 않으면 오해가 생기고, 일의 능률이 오르지 않는 것은 주지의 사실입니다. 바른 소통이 이루어질 때 일이 성취되고 서로에게 기쁨이 됩니다. 우리도 기도하지 않으면 내 뜻대로 살고 아버지 하나님의 뜻을 좇아 살 수 없습니다. 그러므로 성도들은 기도의 생활을 게을리 해서는 안 됩니다. 기도를 종교생활의 일부로 생각하면 기도하지 않아도 아무런 부담을 느끼지 않지만 기도야말로 내가 해야 할 가장 중요한 우선순위임을 알면 기도하지 않으면 몸에 가시가 돋게 됩니다. 기도하는 삶은 하나님께서 기뻐하시는 삶을 살게 되고 삶의 능력을 경험하게 됩니다.

영국에서 부흥을 주도했던 존 웨슬리(John Wesley)는 기도의 능력을 다음과 같이 표현했습니다. "죄를 제외하고는 아무것도 두려워하지 않고, 하나님 외에는 아무것도 바라지 않고 복음만 전할 수 있는 사람 100명만 있다면, 그들이 목사건 평신도건 상관없이 이들만으로도 충분히 지옥문을 흔들 수 있고, 하나님 나라를 이 땅에 건설할 수 있다. 하나님께서는 다른 어떤 것보다 기도에 응답하시는 분이시기 때문이다." 분명 기도는 하나님의 보좌를 움직이며 하늘 문을 열어 제치는 능력이며 힘입니다.

기도도 아무데서나 하는 것이 아니라 한적한 곳, 조용한 곳에 가서 하는 것이 효과적입니다. 번잡한 곳에서는 생각이 집중되지 않습니다. 사람도 격리되고 조용한 곳이 기도하기에 좋고 하나님과 은밀한 가운데 기도할 수 있습니다. 언제나 쉬지 않고 기도해야 하지만 더 중요한 것은 이른 새벽에 하는 것이 좋습니다. 신체적으로도 이른 새벽은 우리의 뇌가 쉼을 얻고 난 후에 가장 활동이 왕성하고 깊이 있게 사고 할 수 있는 시간대입니다. 하루의 일과가 시작이 되면 기도할 수 있는 시간적인 여유를 마련하는 것은 하늘의 별을 따는 것 보다 어려울 수 있습니다. 그러나 새벽시간은 그 누구도 터치하지 않는 너무나 자유로운 시간입니다. 물론 좀 더 자고 싶은 욕구는 있습니다만 그것도 습관을 들이고 조금 일찍만 잔다면 건강에도 좋고 이른 아침에 일어나기도 쉽습니다. 하나님께서는 우리가 맑은 정신으로 나와서 기도하는 것을 좋아하십니다. 사람들이 붐비는 시장에서 기도하는 바래새인들을 꾸짖은 것도 그들의 외식적인 면에 대한 꾸중도 포함되지만 그보다 더 큰 의미는 기도의 대상자가 사람이 아니라 은밀한 가운데서 들으시는 하나님이라는 사실을 더 부각시키기 위한 것이었습니다. 예수님은 조용한 시간에 은밀하게 하나님과 대화하는 모습을 우리에게 보여주고 있습니다. 지금도 하늘 보좌에 계시면서 온 인류와 우리를 위해서 중보기도하고 계십니다. 어릴 때 기도하는 사람은 젊은이가 되어도 기도하고, 나이가 들어도 기도하고, 죽을 때도 기도하면서 하늘나라에 가게 됩니다. 기도는 에너지가 필요한 것이기도 하지만 발전기처럼 쓰면 쓸수록 충전이 되는 비결이 있습니다.

한 선배님의 기도에 대한 글을 통해 감동을 받은 일이 있습니다.

> 제목: 기도 시간은?
>
> 영혼이 노출 되고 죄악이 밝혀지는 시간.
> 무력을 깨닫고 허물을 깨닫고 겸손하게 항복하며 두손 드는 시간이지요.
> 영혼이 노래 하고 보고의 문이 열리는 시간.
> 감사함이 있고 진실함이 있고 기쁨이 넘치는 깊은 사귐의 시간이지요.
> 영혼이 맑아지고 영혼이 풍성해 지는 시간.
> 응답의 감격 얻고 능력 덧입어 어둠 세력 정복하고 주께 영광 돌리는 시간이지요.

정말 아름다운 시(詩)입니다. 우리가 건강하게 성장하기 위해서는 기도하는 것부터 배우고 실천해야 합니다. 기도는 마치 산모 뱃속에 들어 있는 아기와 같습니다. 아기가 어머니로부터 영양을 공급 받는 유일한 통로는 바로 탯줄입니다. 탯줄이 꼬이거나 끊어지면 그 아이는 생명을 잃고 맙니다. 간혹 그러한 사고가 있어 사생아를 낳는 경우가 있습니다. 전적으로 그 생명줄을 통해서 아이가 건강하게 자라서 세상에 태어나는 것과 같이 성도는 하나님으로부터 기도의 탯줄을 통해서 은혜 받고 성령을 받아 건강하게 자라나게 되고 성숙하게 됩니다. 이처럼 기도의 삶은 너무나 중요합니다. 야고보 선생은 우리에게 **"하나님을 가까이 하라. 그리하면 너희를 가까이 하시리라"**(약4:8)고 권면하고 있습니다.

모든 사람이 찾아야 할 대상 예수님

제자들과 추종자들이 예수님께 와서 "모든 사람들이 주님을 찾나이다"라고 했습니다. 그 당시 예수님은 대중들에게 인기가 참 많았습니다. 스스로 인기를 얻게 위해 노력해서 얻은 것이 아닙니다. 병든 자를 고치고, 가난한 자를 먹이시고, 소외당하는 자를 위로하시고 친구가 되어 주시고, 세상에 천대 받는 자를 존경해 주시고 그 어떤 것도 해결해 주시는 일로 인하여 소문이 퍼지면서 인기가 높아졌습니다. 우리 주님은 사람들의 필요를 아시고 그를 찾는 자를 만나 주시고 채워 주셨습니다. 사람들이 어떤 목적을 가지고 찾든지 분명 예수님은 모든 사람들에게 필요한 분입니다. 예수님 당시 사람들은 그들의 각자 필요를 따라 주님을 찾았습니다. 대부분 잘못된 야망을 가지고 찾았지만 주님은 그들의 필요를 따라 채워주셨습니다. 예수님은 오늘날도 동일하게 환자들이 치유를 위해서 찾아야 할 분이시고, 가난한 자는 부유해지기 위해 찾아야 할 분이시고, 상처 받는 자들은 상처를 치료 받기 위해서 찾아야 할 분이십니다. 의식주 문제로 어려움을 당하는 분들은 더욱 예수님을 찾아야 합니다. 들풀도 입히시고 새들도 먹이시는 하나님께서 좋은 것으로 자녀들에게 주십니다. 자신의 영혼 구원을 위해서는 필수적으로 찾아야 할 대상이 바로 구세주 예수님이십니다. 소외당하던 세리 마태를 찾아가서 그를 제자로 부르시고 그 마음에 왕따 당하던 외로움을 치료해 주셨습니다. 세리장으로 완전히 따돌림 당하던 그를 만나 집에서 식사하고 구원을 주심으로 사회적 욕구에 소외당하던 그를 고쳐 주셨습니다. 사람은 물질만 많이 소유하고 있다고 만족하는 존재가 아닙니다. 사람들과의 관계를 바르게 가지고 건강하게 사는 사회적 욕구 충족이 있어야 합니다. 삭개오는 모든 것에 부족함이 없었지만 사회로부터 왕따 당했고, 채워지지 않는 영적 욕구를 충족시키기 위해 체면을 다 버리고 뽕나무 위에 올라가 예수님이 여리고 성으로 들어오시는 것을 바라보고 있었던 것입니다. 어떤 형편에 있는 사람이라도 예수님을 필요로 하지 않는 사람은 아무도 없습니다. 있다고 고집하는 사람이 있으면 그는 분명 교만한 사람일 것입니다.

 그런데 우리는 주님을 찾되 잘못된 동기와 목적을 가지고 따르면 안 됩니다. 고상한 목적, 분명한 목적, 의미 있는 가치관을 가지고 주님을 찾고 따른다면 주님의 제자가 될 것입니다. 주님을 찾지 않는 것은 교만의 소치입니다. 우리 곁에서 늘 도와주시기 위해서 '5분 대기조' 처럼 기다리시는 주님을 찾을 수 있는 여러분 되시기를 소망합니다. 찾는 것은 바로 그 분께 나오는 것이며 더 구체적으로는 기도하는 것입니다. 필요를 따라 구하고 믿으십시오. 그러면 우리의 형편을 아시는 주님께서 공급해 주실 것입니다. 그러한 경험을 할 수 있기를 주의 이름으로 축원합니다.

전도하시기 위해 오신 예수님

예수님은 사람들이 잘못된 야망을 가지고 따라 다니니까 자신이 이 땅에 보냄 받은 목적을 위해서 전도하러 가자고 제자들에게 제안합니다. 그를 따르는 사람들이 많으니까 어떤 정당을 만들어 세상을 변화시키는 일을 하자고 제자들이 은근히 말하지만 주님은 자신의 보냄 받은 분명한 목적을 한시도 잊지 않고 있었습니다. 다른 마을로 가서 전도할 것이라고 하면서 예수님이 오신 목적이 바로 사람들에게 복음을 전하여 구원 얻게 하는 것이라고 밝히고 있습니다.

우리의 개인적인 목적도 궁극적으로는 영혼 구원하는 것이고, 교회의 목적도 영혼 구원하는 것입니다. 그런데 오늘날 성도나 교회는 구원하는 일에는 등한히 하고 다른 것에 치중하는 것을 볼 수 있습니다. 만일 우리가 잘못된 목적을 가지고 존재한다면 우리의 정체성을 잃어버리고 있는 것입니다. "목사님 전도가 너무 쉬워요" 하는 손현보 목사님의 전도일기에 보면 처음 그가 세계로교회에 부임 했을 때 남전도회와 여전도회에서 회의 하고 보고하는 내용을 들었을 때 한심한 장면을 적고 있는 것을 보게 됩니다. 남전도회는 적선 회비를 내어서 강아지를 사서 키워 여름에 개를 잡아 먹으면서 교제하고, 개가 커서 새끼를 낳으면 그것을 팔아서 선교회 운영비로 쓴다는 것이었습니다. 손목사님이 "정말 개판이구나" 하는 생각을 하고 그 때부터 성도들의 생각을 바꾸면서 전도하기 시작하여 20-30명 정도 되는 교회를 2000명이 넘는 건강한 교회로 성장시켰다는 것입니다.

교회가 바른 목적에 충실하지 않으면 개나 돼지 사서 키워 운영비나 충당하게 되고, 성도들이 기도하고 전도에 열중하지 않으면 또래끼리 모여서 계나 만들어 놀러나 다니고 어떤 문제가 생기면 집단행동이나 하는 모임이 되고 맙니다. 전도하는 사람은 아플 겨를이 없습니다. 다른 생각을 할 여력이 없습니다. 오직 영혼 구원하여 제자 삼는 일에 열심을 다하게 됩니다. "영혼 구원하여 제자 삼으라"는 명령에 순종하는 성도가 되고 교회가 되어야 합니다. 예수님께서 전도하는 일을 위해서 생명까지 드리심으로 모범을 보여 주셨고, 우리에게 이 귀한 사명을 맡겨 주시고 하늘나라에 가셨습니다. 우리는 이 사명을 받은 계승자들입니다. 열심을 다해 주님께서 맡겨 주신 사명에 충실한 성도가 되기를 주의 이름으로 축원합니다.

　예수 그리스도의 사역의 힘은 바로 기도생활에 있었습니다. 매일 새벽에 나가서 기도하시므로 하늘의 능력을 덧입고, 아버지의 뜻에 순종하는 삶을 살았습니다. 우리의 사역과 삶의 파워도 바로 기도생활에 있습니다. 우리의 습관적이고 규칙적인 기도 생활은 각자의 삶을 역동적으로 만들 뿐 아니라 하나님의 뜻에 따라 사는 삶을 살게 하는 힘이 됩니다. 기도는 마치 저수지로부터 생명의 물을 공급 받는 수로와 같습니다. 아무리 저수지에 물이 많이 저장되어 있어도 수로를 통해서 물이 공급 되지 않고 그대로 갇혀 있으면 농작물에 아무런 도움이 못됩니다. 기도의 수로를 통해 물을 공급 받을 때 산야는 푸르고 풍성한 열매를 맺게 되는 것처럼 기도하는 사람의 삶은 늘 풍요롭고 생명이 약동하게 되고 그 삶에 풍성한 결실이 있게 마련입니다.

　그 누구도 주님이 필요하지 않은 분은 없습니다. 그리고 주님은 자기를 찾는 자를 그 누구도 외면하지 않습니다. 잘못된 동기를 가지고 찾더라도 교정해 가시면서까지 만나 주시고 필요를 채워 주십니다. 주님을 가까이에서 따르시기 바랍니다. 주님의 손을 잡으십시오. 그러면 넘어지지 않고 편안히 인생길을 걸어갈 수 있습니다.

　전도는 예수님이 오신 목적, 즉 구원하는 일이듯이 우리의 정체성이나 사명과 깊은 관련을 가지고 있습니다. 전도하지 않는 삶은 이 땅에 보내신 아버지의 뜻에 어긋나는 삶입니다. 전도하여 영혼 구원하므로 하나님을 기쁘시게 해 드리는 삶을 살아야 할 것입니다.

Chapter 11

치유 경험과 전도
(The healing and evangelism)

마가복음 1:40-45

한 나병환자가 예수께 와서 꿇어 엎드려 간구하여 이르되 원하시면 저를 깨끗하게 하실 수 있나이다 예수께서 불쌍히 여기사 손을 내밀어 그에게 대시며 이르시되 내가 원하노니 깨끗함을 받으라 하시니 곧 나병이 그 사람에게서 떠나가고 깨끗하여진지라 곧 보내시며 엄히 경고하사 이르시되 삼가 아무에게 아무 말도 하지 말고 가서 네 몸을 제사장에게 보이고 네가 깨끗하게 되었으니 모세가 명한 것을 드려 그들에게 입증하라 하셨더라 그러나 그 사람이 나가서 이 일을 많이 전파하여 널리 퍼지게 하니 그러므로 예수께서 다시는 드러나게 동네에 들어가지 못하시고 오직 바깥 한적한 곳에 계셨으나 사방에서 사람들이 그에게로 나아오더라

현대인들은 하나님의 도우심과 그리스도의 십자가의 능력을 통해 치유되는 경험을 달갑게 생각하지 않습니다. 그 이유는 현대 의학이 발달되어 대부분의 질병은 의사의 도움을 얻으면 고칠 수 있다고 믿기 때문입니다. 어쩌면 애걸복걸 할 필요가 없다고 생각하는지도 모릅니다. 그러면 모든 병이 다 의사나 약의 도움으로 치료가 되느냐 하면 실제로 그렇지 않다는 것을 우리가 알고 깨닫게 됩니다. 가벼운 병은 병원의 도움으로 나을 수 있지만 중병이나 불치

병은 현대 의학으로도 대부분 불가능합니다. 그러나 믿음의 사람들은 지금도 역사하시는 그리스도의 치유의 능력을 경험하면서 신앙의 큰 힘을 얻고 있습니다. 치유를 경험하면 지식적인 우리의 믿음이 더 견고해 지는 것을 스스로 알게 됩니다. 믿음의 사람들은 육체적인 질병뿐 아니라 정신적이고 영적인 고질병도 나사렛 예수 그리스도의 보혈의 능력으로 치유함을 받고 있습니다. 그러한 사람들에게 나타나는 한결 같은 반응은 바로 하나님의 이름을 높이며 영광을 돌린다는 사실입니다. 불치의 병으로부터 나음을 입고 다른 가족들과 친척 그리고 이웃에게 그리스도의 위대하심을 전하고 드러내는 일을 한다는 것입니다. 예수님의 사역 중에 오늘 본문은 한센병, 나병환자를 고치심으로 인하여 치유를 경험한 사람이 동일하게 복음을 전하는 아름다운 모습을 볼 수 있습니다.

나병환자와 기도

한 나병 환자가 예수님께 나와서 겸손하게 무릎 꿇고 자신의 병을 고쳐달라고 간청하고 있습니다(40). 그는 오랫동안 이 병에 의해서 고통과 따돌림을 당하고 살고 있었습니다. 이 병은 당신에는 아주 다양한 피부병의 통칭이었습니다. 레위기 13장에는 7가지의 다른 피부병을 열거하고 있습니다. 예식법에 의하면, 나병을 가지고 있는 사람은 그 사실을 알리기 위해 특별한 옷을 입어야 했습니다.

죄수가 되면 죄수복을 입는 것과 같이 구별되도록 해야 했습니다. 그것은 접촉을 통해서 부정해 지고 전염될 수 있기 때문이었습니다. 그리고 '부정하다'. 부정하다', 하고 소리를 치면서 다른 사람들이 가까이 오지 못하게 해야 하는 책임이 있었습니다. 한센병 환자들은 다른 사람을 만짐으로 그 사람을 부정하게 만들지 못하도록 되어 있었습니다. 그들은 거의 걸어 다니는 송장과 같았고, 마을이나 동네에서 같이 살지 못하고 격리되어 따로 외로운 삶을 살아야 했습니다. 제사장에 의해 병으로 확정도 받지만 병이 낫고 난 후에도 반드시 제사장이 승락해야 고향으로 가정으로 돌아 갈 수 있었습니다. 구약시대부터 예수님 당시까지 이 병은 부정한 병의 대명사였습니다. 절망과 고독 속에서 생애를 마칠 수밖에 없었던 나병환자는 예수님께 나와서 깨끗하게 해 주실 것을 간구했습니다. 신앙의 위대함은 먼저 예수님이 어떤 분인지를 아는 것에서부터 시작합니다. 그는 예수님은 모든 병을 고칠 수 있는 하나님의 아들로 알았습니다. 선생이나 군중들을 선동하는 정치가로 여기지 않았습니다. 인생의 무거운 짐을 대신 지고 가실 하나님의 어린양으로 알았습니다. 그의 십자가를 통해 인류의 죄의 짐뿐 아니라 질병의 고통과 아픔까지도 다 짊어지실 분으로 보았습니다. 신앙은 앎에서부터 행동으로 나타나기 시작합니다. 이성적인 앎으로부터 감정과 의지로 연결되어 있는 지성이 그리스도에게로 나아오게 하고 기도하게 합니다. 그리스도가 어떤 분인가를 알면 그 앞에 겸허하게 됩니다. 아직도 예수님을 잘 알지 못하는 사람은 자기 자신을 믿고 자기가 가지고 배운 것을 의지하고 예수님께 기도하지 않습니다, 무릎 꿇지 않습니다. 주님을 알지 못하고 자신의 힘으로 살고자 하는 자는 교만한 사람입니다. 그러나 자신의 힘으로는 아무 것도 할 수 없다고 생각하는 사람은 철저하게 그리스도 앞에 무릎 꿇고 기도하게 되고 도움을 요청하게 됩니다. 그러므로 기도생활은 우리 그리스도인들에게는 기본입니다.

기도는 모든 삶의 기초가 되고 치유의 통로가 됩니다. 기도를 종교 생활의 일부로 생각하면 기도하지 않아도 아무런 부담을 느끼지 않지만 기도야말로 내가 해야 할 가장 중요한 우선순위임을 알면 기도하지 않으면 몸에 가시가 돋게 됩니다. 기도하는 삶은 하나님께서 기뻐하시는 삶을 살게 되고 치유와 회복의 능력을 경험하게 됩니다.

나병환자를 치유하신 예수님

엎드려 자신을 내려놓고 기도하는 나병환자를 주님은 먼저 불쌍히 여기시고 손을 내밀어 그에게 대시면서 "내가 원하노니 깨끗함을 받으라"라고 하시므로 그가 오랜 질병의 투쟁에서 벗어나 자유함을 얻게 되었습니다. 주님은 손을 그에게 대면서 깨끗함을 얻게 했습니다. 병이 난 후부터는 손도 만져 보지 못하고 그 누구와의 접촉도 허락되지 않았던 자신의 부위를 만져 주시는 주님의 손길을 체험하게 되었습니다. 우리 주님은 그 누구도 접촉하지 않으려는 사람까지도 만지시면서 치유를 경험하게 하시는 것입니다. 율법에는 접촉할 수 없는 부정한 병이라 했고, 의식적으로는 도저히 만질 수 없는 형편이었지만 우리 주님은 율법의 외형적인 준수 보다 그 속에 담겨진 의미를 실천해 보임으로 인하여 율법보다 사랑과 긍휼이 훨씬 중요함을 입증해 주신 것입니다. 그러므로 우리 주님은 율법을 폐하러 오신 분이 아니라 완성하기 위해서 오신 것입니다. 중국에서 나병환자를 돌보는 김상현 박사는 중국 당국자와 의사들조차 외면하는 그들을 그리스도의 손길로 만지며 치료하고 있습니다. 주님의 손이 아니면 부모나 형제들조차도 부정하다고 가까이 하지 않는 자를 도무지 터치할 수 없을 텐데 주님의 피 묻은 손을 가진 자만이 그들을 보듬어 안아 주실 수 있습니다. 버림받은 자, 고독하고 불쌍한 자를 긍휼히 여기시는 주님의 손길을 우리가 체험하고 우리도 다른 사람들을 우리의 사랑의 손으로 만져주는 섬김의 삶을 살아야 할 것입니다. 자주 가서 외로운 자들을 만져 주고 함께 하는 삶이 바로 그리스도께서 우리에게 위탁한 제자의 삶입니다. 극히 개인적이고 자신만을 아는 살벌한 세대에 우리가 먼저 소외당하고 고독한 자들을 찾아가 사랑으로 만져주는 삶을 살기를 우리 주님은 원하고 계십니다.

내가 외로울 때 누가 나에게 손을 내민 것처럼 나 또한 나의 손을 내밀어 누군가의 손을 잡고 싶다. 그 작은 일에서부터 우리의 가슴이

데워진다는 것을 새삼 느껴보고 싶다. 그대여 이제 그만 마음 아파하렴.(이정하 시인, 1962-)

주님 모르고 세상의 것에 취해 무감각하게 살아가는 사회적 나병환자들이 얼마나 많은지 모릅니다. 주님의 손길을 기다리는 많은 사람들에게 우리가 주님처럼 할 수 있는 것은 바로 소외된 사람을 우리의 따뜻한 손길로 보듬는 것입니다. 부모 없이 외롭게 살아가는 소년 소녀 가장들, 그들은 부모 없이 외롭게 살아가는 정신적 외톨이입니다. 역기능 가정에서 정신적으로 방황하는 사람들, 해체된 가정에서 의지할 곳 없는 사람들에게 우리의 손길을 내밀어야 합니다. 그렇게 할 때 놀라운 치유와 회복이 일어나 따뜻한 공동체가 되고 밝은 사회가 될 것입니다. 주님께서는 한센병 뿐 아니라 고독과 외로움을 느끼는 사람들, 그리고 소외당한 자들을 찾아가 주님의 사랑의 손길을 통해서 치유하시고 회복하셨습니다. 대표적인 사람이 바로 나사로의 가정이었고, 삭개오와 수가성에 살고 있었던 무명의 창녀였습니다. 부모없이 살아가던 세 남매에게 헌신과 부활을 경험하게 했고, 세상적으로 모든 것을 갖추고 있었던 삭개오 가정에 구원과 더불어 정신적, 사회적 소외감을 해소함으로써 나누며 베푸는 섬김의 삶을 살도록 회복시켜 주셨습니다. 또한 세상의 생계수단으로 부끄러움도 모르고 자신의 순결을 팔아 사회로부터 따돌림을 받았던 창녀를 복음 전하는 새로운 피조물로 탈바꿈 시켜 주셨습니다. 인생의 참 삶의 목적이 무엇인지를 알고 그렇게 살아가도록 치유해 주신 것입니다.

치유와 회복에 대한 반응

예수님은 치유를 받은 사람에게 율법이 정하고 있는 바에 따라 실천하도록 명령했습니다. 먼저는 제사장에게 보여 정하게 됨을 확정받아야 했고, 그 다음에는 깨끗하게 낫게 됨에 대한 예물을 모세가 정한 대로 가져가 드리도록 명령했습니다. 모세의 율법에 보면 피부병이 나으면 먼저 제사장에게 살아 있는 정결한 새 두 마리를 가져가고 백향목과 홍색실과 우슬초를 가져가 정결 의식을 행해야 하고, 여덟째 날에는 흠 없는 어린 숫양 두 마리와 일 년된 흠 없는 어린 암 양 한 마리 그리고 고운 가루 에바 십분의 삼, 기름 섞은 소제물과 기름 한 록을 제사장에게 가져와서 드려야 했습니다. 형편이 안 되는 사람들은 따로 산비둘기와 집비둘기 각 두 마리씩 가져와 속죄제와 속건제를 드려야 했습니다(레14:2-32). 주님은 사랑이라고 해서 율법을 무시하고 행동하지 않았습니다. 아직도 그 의식과 규례가 남아 있었기 때문에 그대로 하도록 명령했습니다. 율법에 충실한 삶을 사시면서 다른 사람들에게도 가르쳤습니다. 그리스도인들에게 율법은 우리의 삶과 생활에 필수적인 하나님의 말씀임을 믿습니다.

예수님은 치유 받은 나병환자에게 밖에 나가서 자신이 고침 받은 사실에 대해서 아무에게도 이야기하지 못하도록 부탁을 했습니다. 그럼에도 불구하고 그는 나가서 그리스도에 대해서 많은 사람들에게 간증했습니다. 왜 주님은 다른 사람들에게 알리지 못하도록 함구령을 내렸을까요? 깊은 의중은 모르지만 분명한 것은 예수님이 병 고치시는 일로 인하여 본질적인 사역을 못하고 병 고치는 일에만 시달릴 수 있기 때문이었다고 생각이 됩니다. 우리 같으면 인기에 영합하여 매스컴을 총동원하여 이 사실을 만방에 알리도록 했을 것입니다. 우리 주님께서는 본질적인 사역이 무엇인지를 늘 알고 계셨기 때문에 한 개인의 치유를 너무 떠들썩하게 알리지 못하게 하신 것입니다. 그러나 나병환자는 치유와 회복의 기쁨과 감동이 너무 컸기 때문에 전하지 않을 수 없었습니다.

우리도 엄청난 죄로부터 진정한 치유와 회복을 받았다면 그 감격과 은혜를 다른 사람들에게 전해야 할 것입니다. 전하지 않는 것은 경험과 감격의 부족일 수 있고, 확신의 문제일 수도 있습니다. 그리스도를 통해 받은 회복의 은혜를 기억하고 그리스도를 더 널리 전파하는 일에 혼신의 힘을 쏟아야 합니다.

한센병 못지않게 우리는 때로 너무나 영적으로 무감각하고 침체에 빠진 삶을 살고 있습니다. 우리의 영적인 무감각과 침체를 벗어나는 유일한 길은 예수님의 손길 밖에는 없습니다. 주님께 기도함으로 나의 질병을 치유 받아야 할 것입니다. 주님은 당신의 따스한 손길을 내미사 만져 주시고 이 시간도 "내가 원하노니 깨끗함을 받으라"라고 선언하시는 것입니다. 그 음성을 들을 수 있기를 소망합니다. 그리스도로 인하여 진정으로 영육간에 치유함을 경험한 사람들은 그 어떤, 심지어 주님이 함구하도록 명령해도 전하지 않고서는 견딜 수 없는 지경에 이릅니다. 더 넓게 우리의 지경을 넓혀 그리스도의 하신 사역을 소개하고 전하는 주의 백성들이 되기를 소망합니다.

Chapter 12

행동하는 믿음
(The faith to act)

마가복음 2:1-12

수 일 후에 예수께서 다시 가버나움에 들어가시니 집에 계시다는 소문이 들린지라 많은 사람이 모여서 문 앞까지도 들어설 자리가 없게 되었는데 예수께서 그들에게 도를 말씀하시더니 사람들이 한 중풍병자를 네 사람에게 메워 가지고 예수께로 올새 무리들 때문에 예수께 데려갈 수 없으므로 그 계신 곳의 지붕을 뜯어 구멍을 내고 중풍병자가 누운 상을 달아 내리니 예수께서 그들의 믿음을 보시고 중풍병자에게 이르시되 작은 자야 네 죄 사함을 받았느니라 하시니 어떤 서기관들이 거기 앉아서 마음에 생각하기를 이 사람이 어찌 이렇게 말하는가 신성 모독이로다 오직 하나님 한 분 외에는 누가 능히 죄를 사하겠느냐 그들이 속으로 이렇게 생각하는 줄을 예수께서 곧 중심에 아시고 이르시되 어찌하여 이것을 마음에 생각하느냐 중풍병자에게 네 죄 사함을 받았느니라 하는 말과 일어나 네 상을 가지고 걸어가라 하는 말 중에서 어느 것이 쉽겠느냐 그러나 인자가 땅에서 죄를 사하는 권세가 있는 줄을 너희로 알게 하려 하노라 하시고 중풍병자에게 말씀하시되 내가 네게 이르노니 일어나 네 상을 가지고 집으로 가라 하시니 그가 일어나 곧 상을 가지고 모든 사람 앞에서 나가거늘 그들이 다 놀라 하나님께 영광을 돌리며 이르되 우리가 이런 일을 도무지 보지 못하였다 하더라

믿음은 보이지 않지만 행동으로 드러남으로 그 진가를 발휘하게 됩니다. 엄밀히 말하면 행동으로 드러나지 않는 믿음은 참된 믿음이라고 할 수 없습니다. 왜냐하면 믿음은 엄청난 능력을 내포하고

있기 때문입니다. 예를 들면 믿음으로 이스라엘 백성들은 여리고 성을 돌았기에 그 성이 무너지는 쾌거를 맛보게 되었습니다. 믿음은 하나님의 전능성을 우리의 목전에서 확인하는 힘이요, 하나님의 능력을 나의 것으로 소유하는 것입니다. 그러므로 야고보 선생은 행동이 뒤따르지 않는 믿음은 죽음 믿음이라고까지 했습니다.

> 이와 같이 행함이 없는 믿음은 그 자체가 죽은 것이라(약 2:17)
> 아아 허탄한 사람아 행함이 없는 믿음이 헛것인 줄 알고자 하느냐(약 2:20)
> 영혼 없는 몸이 죽은 것같이 행함이 없는 믿음은 죽은 것이니라(약 2:26)

행동이 뒤따르지 않는 믿음은 영혼이 몸에서 빠져 나간 시체와 같다고 말씀하고 있습니다.

오늘 본문은 믿음으로 행동하는 몇몇 사람들의 아름다운 모습을 그려주고 있습니다. 한 두 사람이 아니라 중풍 병자의 친구들의 믿음의 하모니를 보게 됩니다. 한 사람의 믿음도 귀하지만 여러 사람들의 믿음이 함께 어우러져 기적을 만들어 내는 멋진 장면을 보게 됩니다.

도(道)를 말씀하시는 예수님

가버나움의 한 집에는 입추의 여지가 없이 방문자들로 가득 차 있었습니다. 많은 사람들이 예수님께 찾아왔습니다. 인산인해를 이루어 발 디딜 틈이 없을 정도로 복잡했습니다. 그들이 예수님께서 계신 집에 찾아 온 이유는 여러 가지 일 수 있지만 앞 장에서 예수님께서 행하신 기적을 보면 치유를 위해서 온 사람들이 대부분일 것이고 다른 부류는 예수님의 인기를 확인하고 흠집 내려고 온 사람들이었습니다.

예수님께서는 질병으로 고생하는 사람들의 형편을 누구보다 잘 알고 고쳐주시기를 원하십니다. 하지만 육신의 질병을 고치는 것과 육체적 만족으로만 행복할 수 없다는 것을 아시는 주님은 그들의 욕구와는 다르게 도를 전하시는 대조적인 모습을 보게 됩니다. 사람들의 욕구와는 별개로 하나님의 말씀으로 설교만 하고 계시는 것입니다.

사람은 떡으로만 살 수 없다는 것, 즉 육체적인 욕구만 채운다고 사람다운 삶을 살 수 없다는 것을 주님은 너무나 잘 알고 계셨습니다. 사람은 하나님의 입으로 나오는 말씀을 먹어야 살 수 있습니다 (신8:3). 대부분의 사람들은 물질과 양식만 있으면 멋지게 살 수 있는 것처럼 생각하고 물질을 얻기 위해서 수단과 방법을 가리지 않고 모아 보지만 결국은 병들어서 모아놓은 물질도 제대로 쓰지 못하고 불쌍하게 인생을 마무리 하는 경우를 보게 됩니다. 사람이 물질로 이루어진 육체로만 되어 있다면 물질이 부요한 것만으로도 충분히 행복할 수 있을 것입니다. 그러나 인간 존재는 육체와 정신 그리고 영혼을 가지고 있는 복잡한 구조를 가지고 있기 때문에 단순한 물질적 충족만으로 만족할 수 없고 행복을 향유할 수 없습니다.

육체적인 치유만이 능사가 아니라는 것을 누구보다 잘 아시는 주님은 시간이 주어질 때마다 이스라엘 백성들에게 아침과 저녁에 만나와 메추라기를 먹이시는 것과 같이 하늘의 양식인 하나님의 도를 사람들에게 전하였습니다. 시편기자는 이것을 다음과 같이 표현하고 있습니다. **"그들이 구한즉 메추라기로 오게 하시며 또 하늘 양식으로 그들을 만족케 하셨도다"**(시105:40) 예수님께서는 사람들에게 도를 말씀하시면서 바르게 살고 온당하게 사는 것이 무엇인지를 가르쳐 주셨습니다. 오늘 본문에도 많은 사람들이 그를 추종할 때 그분께서는 기회를 놓치지 않고 하나님의 말씀을 가르치므로 천국의 비밀을 깨닫게 하셨던 것입니다. 인간은 육체적인 욕구만 충족되면 행복할 것 같아도 절대 만족되지 않습니다. 하늘의 신령한 하나님의 말씀을 들어야 우리의 영이 새로워지고 생기를 얻게 됩니다. 시편기자는 시86: 11절에 **"여호와여 주의 도로 내게 가르치소서 내가 주의 진리에 행하오리니 일심으로 주의 이름을 경외하게 하소서"**라고 했습니다. 주의 도로 가르침을 받을 때 진리에 행할 수 있고 주님의 이름을 경외할 수 있습니다. 예수님은 구약 성경에 능통했기 때문에 왜 사람들에게 육체적인 욕구만 채워주면 안 되고 여호와의 도를 가르쳐야 하는지를 알고 계셨습니다. 설교를 통해서 신앙이 성숙하고 온전한 삶을 살 수 있다는 것을 주님께서는 깨우치고 계시는 것입니다. 사람들의 관심과 주님의 관심이 다른 것을 우리는 발견하게 됩니다. 우리는 병을 고치고 기적이 일어나는 것에 관심을 집중하지만 예수님께서는 우리의 영혼이 하늘 양식으로 배부르기를 바라고 계십니다. 그러므로 우리도 하나님의 말씀인 '도'를 잘 배워 영혼이 잘되고 범사가 잘 되며 육체적으로 강건의 축복을 누릴 수 있기를 주의 이름으로 축원합니다.

믿음으로 행동하는 사람들

병 고침 받기를 원하는 사람들과 말씀을 전하시는 주님의 행위 사이에는 보이지 않는 영적인 긴장이 있었습니다. 그리고 예수님의 하시는 일에 사사건건 시비를 걸려고 하는 사람들의 시선도 긴장을 가중시키고 있었습니다. 그런 가운데 중풍병으로 오랫동안 고생하는 사람을 메고 온 사람들이 있었습니다. 그 때 그 긴장을 깨뜨리는 한 사건이 있었는데 바로 한 중풍병자를 메고 온 사람들이 더 이상 정상적인 루트를 통해 예수님께 나아갈 수 없다는 판단을 하고 지붕 위로 올라가 지붕을 걷어내고 환자를 예수님께 달아 내리는 비상 작전을 벌인 것입니다. 보통 사람 같으면 현실적으로 불가능한 일 앞에 쉽게 포기하고 돌아섰을 텐데, 그들은 꼭 친구의 병을 고쳐야 한다는 믿음으로 현실의 장애물을 걷어내고 행동으로 옮기는 과

감한 결행을 하게 됩니다. 다른 사람들이 볼 때는 무례한 행동이요, 잘 이해할 수 없는, 눈살을 찌푸리게 하는 이기적인 행동이었습니다. 그곳에 늦게 온 사람들도 어떻게 하면 예수님께서 계신 방안으로 들어 갈 수 있을까 고민하고 있는데 지붕을 뚫고 먼지를 날리면서, 집 주인의 건물을 해치면서까지 결례를 행하는 것이 과연 믿음의 행위일까요?

보통 사람들이 보면 이해가 잘 안 되는 무례한 행동이요, 이기적인 행위이지만 예수님의 평가는 '그들의 믿음을 보시고' 라고 칭찬하고 있습니다. 믿음은 사람들의 이성을 자극하지 않고, 합리적인 방법을 따르는 것만이 아니라 이성과 경험 그리고 현실을 초월하여 어려움을 극복하고 예수님께 나아가는 것입니다. 성경에서 믿음의 축복을 받았던 사람들은 모두 가만히 있었던 사람들이 아니었습니다. 절망과 반대를 이기고 도저히 예수님께 나아갈 수 없는 상황에서 장애를 이기고 나아갔던 사람들입니다. 믿음에 체면을 내세우거나 사람들의 눈치를 보면 역사를 경험할 수 없습니다. 어떤 방해나 반대나 어려움도 극복하고 예수님께 나아가는 것이 행동하는 믿음입니다. 살아있는 믿음은 모든 것을 예수님께 내어 놓는 것입니다. 내가 무거운 짐을 짊어지고 끙끙거리면서 애쓰는 것이 아니라 어떤 반대나 어려움이 있어도 무릅쓰고 예수님 앞에 나와서 예수님 앞에 내어 놓아야 하는 것이 믿음입니다. 기생 라합은 동족에게는 매국노라는 욕을 먹을 수밖에 없는 사람이었지만 하나님은 라합을 믿음의 사람이었다고 평가하시며 결국 예수님을 탄생시키는 가계의 어

머니로 만드셨습니다

> 마1:5 살몬은 라합에게서 보아스를 낳고 보아스는 룻에게서 오벳을 낳고 오벳은 이새를 낳고
> 히11:31 믿음으로 기생 라합은 정탐군을 평안히 영접하였으므로 순종치 아니한 자와 함께 멸망치 아니하였도다
> 약2:25 또 이와 같이 기생 라합이 사자를 접대하여 다른 길로 나가게 할 때에 행함으로 의롭다 하심을 받은 것이 아니냐

믿음은 사람의 시선에서 평가되는 것이 아니라 하나님과의 관계에서 이루어지는 신뢰입니다. 믿음은 생명을 얻는 지름길이며, 더 나아가 의롭게 되는 통로이기도 합니다. 우리는 믿음의 사람이 되어야 합니다. 불신앙의 사람이 아니라 함께 다른 사람들을 살리는 믿음의 동역자들이 되어야 될 줄 믿습니다.

우리가 합심하여 아픈 사람을 위해서 기도하면 하나님께서는 우리의 기도와 관심 그리고 믿음을 보시고 환자들을 고쳐주시는 분입니다. 본인의 믿음도 중요하지만 주위 사람들의 중보의 기도와 믿음이 중요합니다. 합력해서 선을 이루도록 하시는 하나님의 섭리를 보게 됩니다.

죄사함의 문제

지붕을 뚫고 예수님 앞으로 환자를 달아 내린 어처구니 없는 상황 앞에 예수님은 중풍 병자를 향해 "작은 자야 네 죄 사함을 받았느니라(5)"고 선언했습니다. "너의 병이 나음을 받을지어다" 라고 치유를 선포하신 것이 아니라 전혀 예기치 않는 "죄 사함"의 문제를 먼저 거론하고 있습니다. 이 부분에서 예수님께서 우리에게 말씀하시고자 하는 의미가 많이 함축되어 있습니다.

1) 중풍병자의 문제는 병 자체가 문제가 아니라 그 마음 속에 있는 죄가 더 큰 문제였습니다. 죄와 관련되지 않은 병도 있을 수 있지만 대부분 죄와 연관이 되어 있습니다. 죄 사함은 질병 치유에 앞서 해결해야 할 선결 조건입니다. 사람들은 외형적으로 드러난 질병의 문제만 보고 고침을 받기를 원하지만 근본적인 치유가 될 수 없기 때문에 주님은 근원적인 질병의 원인을 제거하시는 것입니다. 마음의 중심과 모든 내면을 정확하게 보실 수 있는 분은 예수님 밖에 없습니다.

2) 죄 사함의 권세는 예수님 외에는 가지고 있는 분이 없습니다. 그 누구도 죄를 사할 수 없습니다. 엄밀히 말하면 하나님도 죄를 사하실 때 예수님을 통해서 용서하시는 것입니다. 죄를 지은 피의자를 용서할 수 있는 사람은 피해를 입은 당사자인데 그 분이 바로 하나님이십니다. 구약에서 죄의 용서는 흠과 티가 없는 제사 제물을

희생시킴으로 가능했습니다. 수많은 짐승들이 희생되어 사람들의 죄가 사함을 입게 되었습니다. 그 제물, 대표적인 어린양이 바로 예수 그리스도이십니다. 그리스도의 희생을 통해서만 하나님께서는 인간의 죄를 용서하십니다. 그러므로 우리 주님은 십자가의 죽음을 통해서 죄 사함의 은혜를 선언하실 수 있는 분입니다. 우리의 착함과 노력, 행위로서 의롭게 될 육체는 없습니다. 바울은 분명하게 이 진리를 천명하고 있습니다. 갈2:16절 **"사람이 의롭게 되는 것은 율법의 행위에서 난 것이 아니요 오직 예수 그리스도를 믿음으로 말미암는 줄 아는 고로 우리도 그리스도 예수를 믿나니 이는 우리가 율법의 행위에서 아니고 그리스도를 믿음으로서 의롭다 함을 얻으려 함이라 율법의 행위로서는 의롭다 함을 얻을 육체가 없느니라"**

우리는 이렇게 주님의 사죄의 은총을 찬양합니다(새찬송 252).

1. 나의 죄를 씻기는 예수의 피 밖에 없네 다시 정케 하기도 예수의 피 밖에 없네
2. 나를 정케 하기는 예수의 피 밖에 없네 사죄하는 증거도 예수의 피 밖에 없네

[후렴] 예수의 흘린 피 날 희게 하오니 귀하고 귀하다 예수의 피 밖에 없네'

3) 죄사함의 문제는 종종 사람들에게 이슈가 되기도 합니다. 서기관들이 예수님의 죄 사함에 대한 선언을 듣고 신성모독죄로 정죄

합니다. 하나님 한분 외에는 죄를 사할 수 있는 분이 없다고 단언합니다. 구약의 제사 제도 외에는 죄를 사할 수 있는 방법이 없음을 그들은 알고 있었습니다. 그들이 예수님을 메시야로 오셔서 우리 죄를 사하시고 모든 죄의 문제를 지고 가실 하나님의 어린양으로 믿지 못한데서 오는 오해였습니다. 세례 요한은 예수님이 오시는 것을 보고 요1:29절에 **"이튿날 요한이 예수께서 자기에게 나아오심을 보고 가로되 보라 세상 죄를 지고 가는 하나님의 어린 양이로다"** 라고 외쳤습니다. 어린양으로 오신 메시야 외에는 그 누구도 죄를 사할 권세가 없습니다. 십자가를 통한 피 흘림이 없이는 사죄의 길이 없기 때문입니다. 죄 없으신 그 분의 십자가의 죽음을 통해서 암 덩어리와 같은 육신의 질병보다 더 무서운 죄를 용서하시는 것입니다.

4) 예수님은 죄 사함의 문제 뿐 아니라 질병까지도 해결하시는 메시야이심을 드러내 보여 주셨습니다. 죄 사함의 문제가 쉽겠느냐? 아니면 병 고치는 문제가 더 쉽겠느냐? 이 두 가지가 다 어렵지만 주님께서는 둘 다를 쉽게 해결해 주심으로 하나님께서 보내주신 메시야이심을 천명하신 것입니다. 인간의 근원적인 죄의 문제를 해결 하시고 중풍병도 고쳐 주신 것입니다. 오늘 우리는 그리스도가 우리의 구원자 되시며 만병의 대(大)의사이심을 믿어야 합니다.

치유와 하나님께 영광

우리 주님께서 오랫동안 중풍병으로 고생하는 사람을 고쳐주시므로 모든 사람이 하나님께 영광을 돌리게 되었습니다. 모든 질병의 치유와 회복은 바로 하나님께 영광을 돌리기 위함입니다. 치유와 회복에는 하나님의 영광이 드러나게 되어 있습니다. 고쳐 준 사람이 영광을 받아서도 안 되고, 고침을 받은 사람이 어떤 대접을 받아도 안 되며 오직 하나님께만 영광을 돌려 드려야 합니다. 먹든지 마시든지, 살든지 죽든지, 무엇을 하든지 하나님께 영광을 돌리라는 바울의 한결 같은 삶의 철학이 확인되고 있습니다. 우리의 삶의 목적은 하나님께 영광이 되도록 사는 것입니다. 나의 유익, 체면, 성공, 그리고 명예를 위한 것이 아니라 모든 삶의 구체적인 목적이 하나님께 영광 되는 삶이어야 합니다. 눅5:25,26절에는 중풍병자도 하나님께 영광을 돌리고 옆에 있었던 모든 사람들도 하나님께 영광을 돌린 사건이 기록되어 있습니다. **"그 사람이 저희 앞에서 곧 일어나 그 누웠던 것을 가지고 하나님께 영광을 돌리며 자기 집으로 돌아가니 모든 사람이 놀라 하나님께 영광을 돌리며 심히 두려워하여 가로되 오늘날 우리가 기이한 일을 보았다 하니라."** 모든 질병의 치유 목적을 하나님의 영광을 위하겠다는 마음에 둘 때 하나님께서 고치시고 영광을 받으시는 것입니다.

우리는 단순히 한 사람의 중풍 병자가 예수님으로부터 고침을 받았다는 것에 관심을 갖기 쉬운데, 결국 치유의 경험을 갖게 되는 배후에는 여러 사람들의 관심과 사랑 그리고 믿음이 함께 작용했음을 알 수 있습니다. 관심과 사랑과 믿음은 결국 하나님의 말씀을 듣고 배우는 가운데 생기는 자연스러운 열매입니다. 하나님의 도의 위력을 우리는 여기서 경험하게 됩니다. 영육간에 치유와 회복도 한 사람의 힘으로는 어려울 때가 있지만 가족이나 친지 그리고 친구들과 성도들이 함께 동일한 관심을 가지고 믿음으로 행동하면 놀라운 기적을 체험하게 되는 것입니다. 장애물을 뛰어넘고 주님을 바라보는 살아 있는 믿음의 소유자들이 될 때 현실의 어려움을 극복하고 승리하는 삶, 하나님께 영광을 돌려 드리는 삶을 살 수 있게 될 것입니다. 믿음의 대장부는 생각만 하는 자가 아니라 그 믿음을 불가능한 현실 속에서 삶으로 드러내는 자를 일컫는 것입니다.

Chapter 13
죄인의 친구, 예수 그리스도
(Sinners' friend, Jesus Christ)

마가복음 2:13-17

예수께서 다시 바닷가에 나가시매 큰 무리가 나왔거늘 예수께서 그들을 가르치시니라 또 지나가시다가 알패오의 아들 레위가 세관에 앉아 있는 것을 보시고 그에게 이르시되 나를 따르라 하시니 일어나 따르니라 그의 집에 앉아 잡수실 때에 많은 세리와 죄인들이 예수와 그의 제자들과 함께 앉았으니 이는 그러한 사람들이 많이 있어서 예수를 따름이러라 바리새인의 서기관들이 예수께서 죄인 및 세리들과 함께 잡수시는 것을 보고 그의 제자들에게 이르되 어찌하여 세리 및 죄인들과 함께 먹는가 예수께서 들으시고 그들에게 이르시되 건강한 자에게는 의사가 쓸 데 없고 병든 자에게라야 쓸 데 있느니라 나는 의인을 부르러 온 것이 아니요 죄인을 부르러 왔노라 하시니라

사람들은 일반적으로 세상에서 별 볼일 없다고 생각하는 천하고 가난하고 무식한 자의 친구가 되기를 원치 않습니다. 더욱이 죄를 지은 죄수와 가까이 하거나 친구가 되기를 꺼려하는 것은 말할 필요도 없습니다. 반면에 사람들은 힘 있고, 많이 배우고, 사회에서 존경 받고 평판이 좋은 사람과 친분을 쌓거나 친구가 되기를 원합니다. 왜냐하면 죄인과 함께 하면 내가 죄인 취급을 받게 되고, 훌

륭한 사람과 친분을 가지면 나도 그렇게 되는 것처럼 여기기 때문입니다. 가난한 자, 소외당하는 사람, 불쌍한 사람의 친구가 되는 것은 쉽지 않지만 그것을 극복하고 친구가 된다면 훌륭한 사람으로 존경을 받게 됩니다. 우리 예수님은 이 세상에 계시는 동안 죄인들의 친구가 되었고, 병들고 소외된 사람들의 이웃이 되었습니다. 예수님을 믿지 아니하는 사람들도 예수님의 이런 부분에 대해서는 무척 존경을 합니다. 마더 테레사를 존경하는 이유도 나병환자들의 친구가 되어 한 평생 그들과 함께 살았기 때문입니다. 그 누구도 상관하기를 원하지 않는 사람들의 친구가 되는 것은 평범을 초월한 사랑의 실천이기에 모든 사람의 존경을 받을 수밖에 없습니다.

오늘 본문을 보면 예수님의 그러한 모습이 잘 드러나 있습니다. 많은 사람들을 가르치는 가운데 알패오의 아들 레위(마태)가 세관에 앉아 있는 것을 보시고 그를 불러 제자 삼으시는 것을 볼 수 있습니다.

세리 레위를 부르신 예수님

갈릴리 바닷가에서 천국의 도를 가르치신 예수님께서 모든 행위를 마치신 뒤, 알패오의 아들 레위가 세관에 앉아 일을 보고 있는 것을 주목하시고 "나를 따르라"고 말씀하셨습니다.

세관에서 세금을 징수하는 일을 맡은 세리는 지금의 세리와는 달랐습니다. 이스라엘 사람들에게 가장 미움을 받고 지탄의 대상이 되는 직업이었습니다. 더욱이 유대인들이 가장 증오하는 사회적 죄인들이었습니다. 그들은 로마의 정권에 빌붙어서 치부를 하던 사람들이었습니다. 그래서 사람들은 세리를 가리켜 "로마의 개"라고 불렀습니다. 그들은 정복자 로마의 앞잡이로서 허다한 명목의 세금을 헐벗은 유대 백성들로부터 착취한 사람들이기 때문입니다. 당시 로마는 열 손가락으로 꼽을 정도의 세금 명목을 법으로 정해 유대민족으로부터 수많은 세금을 수탈해갔습니다. 인두세는 기본이요, 도로세, 물품세, 수도세 등 백성들은 로마의 세금 때문에 궁핍한 생활을 할 수밖에 없었습니다. 그래서 당시의 세리에게는 "허가된 강도"라는 별명이 붙었습니다. 세리는 매국노 취급을 당하였고 죄인의 대명사였습니다. 심지어 "산중에는 무서운 사자가 있고 거리에는 포악한 세리가 있다." 라는 말까지 유행어로 돌아다녔습니다. 또한 바리새인들은 "세리와 창녀와 사마리아인들에게는 거짓말을 해도 죄가 되지 않는다."고 가르칠 정도였습니다. 심지어는 거지도 세리가 주는 돈을 안 받았다고 합니다. 모르고 받았다가 저만큼 가는데 "너에게 지금 돈을 준 사람이 세리다" 라고 하면 "그래?" 하고 깜짝 놀라며 달려가서 "당신 같은 더러운 사람이 준 돈은 안 받는다."고 하면서 되돌려 주었다고 합니다. 유대 사회에서 세리라고 하면 이런 정도였습니다. 이처럼, 유대사회에서 세리들은 믿을 수 없는 존재로 낙인 찍혀 있었기 때문에 그들은 유대사회에서 법정에서 증인이나 또는 재판관의 일을 담당할 수 없도록 금지되어 있었습니다. 그들은 회당에서 출교를 당했고, 사람 취급을 받지 못했습니다. 예수님 당시에 세리가 되기 위해서는 돈을 주고 로마 정부로부터 그 일자리를 사야만 했습니다. 돈을 주고 산 직업이기 때문에 그 돈을 보상 받기 위해서 원하는 대로 세금을 부과할 수밖에 없습니다.

사실 예수님이 그를 향하여 "나를 따르라" 했을 때 그렇게 한 것은 자신의 돈벌이를 포기한 것이었습니다. 예수님을 따랐다는 것은 엄청난 수입을 올릴 수 있는 직업을 포기한 것입니다. 세상의 법을 따라 주님은 하나님의 법을 어기며 돈 벌이에 여념이 없던 그를 부르시므로 원래의 인간의 고상함을 회복시켜 주시기를 원하셨던 것입니다. 돈이냐 명예냐 하는 갈림길에서 어쩌면 많은 갈등 속에 있었을 것인데 그는 마음속에 지고 있는 짐을 벗어버리고 주님을 따르는 제자의 길을 선택했던 것입니다.

주님을 "따른다"는 말 속에는 몇 가지 심오한 의미가 함축되어 있음을 알아야 합니다.

1) 예수 그리스도를 내 삶의 경배자와 인도자로 삼겠다는 단호한 결단이 내포되어 있습니다. 세상에서 내가 귀하게 여기는 것들이 많지만, 예수님을 나의 가장 귀한 삶의 보물과 가치로 알고 택한 사람들이 주님을 따르는 성도들입니다.

2) 주님께 순종한다는 뜻이 있습니다. "따른다"는 말은 "불복한다"는 개념과 정반대의 말입니다. 예수 그리스도의 인도를 받지 않고 불복하며 자기 길로 행하는 사람들이 곧 불신자들인 것입니다.

3) 주님을 모방하고 답습한다는 뜻이 있습니다. 즉 예수 그리스도를 자신의 인격과 삶의 표준으로 여기고, 그 분을 닮으려고 애쓰는 것이 성도입니다. 상인을 따르는 자들은 장사꾼이 되고, 정치가를 따르는 이들은 정치인이 됩니다. 강도를 따르는 자는 똑같이 범죄자가 됩니다. 그러나 그리스도를 따르며 그분을 모방하는 생활을 하는 이들은, 그리스도와 같은 인격과 성품을 그 마음과 삶에 열매로 얻게 되는 것입니다.

4) 주님과 공동 운명체가 된다는 뜻이 있습니다. 그분이 영광을 받으면 자신들도 영광을 받고, 그분이 고난을 당하면 자신들도 고난당할 것을 각오하는 것이, 그리스도를 따르는 참된 성도들인 것입니다. 또 그분이 하신 일을 자기도 하고, 그분이 삶의 목표로 삼으셨던 하나님 아버지께 영광 돌리고, 인간을 죄에서 구원시키는 일을, 동일하게 자신의 절대 의무로 여기는 이들이 그리스도를 따르는 참된 성도들인 것입니다.

주님은 사회에서 소외된 레위를 주님과의 깊은 교제권 안으로 인도하신 것입니다. 양심까지 팔아가면서 돈벌이에 혈안이 되어 사회로부터 따가운 눈총을 받아가며 소외된 그를 주님은 스쳐지나 가시지 않고 주목하시고 새로운 공동체 안으로 불러들임으로써 새로운 삶을 살도록 하신 것입니다. 그것이 돈을 많이 가지고 있으면서 겪는 양심의 아픔보다 훨씬 나은 삶임을 인식했던 것입니다. 돈의 노예가 되어 부끄러운 줄도 모르고 살던 우리를 주님은 그냥 버려두시지 않고 가장 고상하고 가치 있는 삶이 무엇인지를 알도록 우리를 부르셨습니다. 이처럼 그와 먹고 마시는 교제의 테두리 안으로 불러 주신 은혜를 우리는 기억해야 합니다.

여리고에 살고 있던 세리인 삭개오를 만나 주시고 그의 집에 들어가 먹고 마시는 가운데 아브라함의 언약의 복을 받게 하시고 구원을 선포하심으로 온 가족이 새로운 삶을 살게 하신 우리 주님이 오늘 우리를 부르시고 주님과 교제하며 하나님께 영광을 돌려 드리도록 인도하신 그 섭리를 우리는 찬양하고 감사해야 할 것입니다. 주님과 교제하며 그의 가르침을 따라 사는 삶이 바로 천국의 삶인 줄 믿습니다. 우리 주님은 세상 사람들이 가지고 있는 가치관을 따라 사람을 판단하여 친구가 되시는 것이 아니라 주님이 가진 독특한 잣대를 가지시고 사람을 영접하시는데 그것은 바로 사회에서 버림받고 천대 받고 소외된 자들인 죄인을 불러 구원하시고 천국의 시민이 되게 하시는 것입니다. 사람의 교제권과 예수님의 교제권의 차이가 바로 여기에 있습니다.

죄인들과 함께 하시는 예수님

예수님께서 자신을 불러 제자가 되게 하신 그 은혜를 기억하고 레위 마태는 예수님을 자기 집에 초대해서 잔치를 배설하였습니다. 이 잔치는 자신이 세리라는 이유 때문에 그 동안 사회적으로 수 없이 괄시를 받아오던 마태가, 예수님의 제자로 부름 받은 것을 감사하여 주님을 초대하고 그 기쁨을 같이 나누는 자리였던 것 같습니다. 잔치의 성격과 규모가 잘 나타나 있지 않습니다만, 큰 잔치였던 것 같습니다. 잔치라는 것은 원래 많은 사람에게 개방되는 것입니다. 이 잔치에도 많은 사람들이 모이게 되었는데, 세리라는 신분이라서 그런지는 몰라도 그 잔치에 특정한 계급의 사람들이 많이 모여들게 되었습니다. 말하자면 "세리와 죄인들"입니다. 15절에 보면 **"예수께서 마태의 집에서 앉아 음식을 잡수실 때에 많은 세리와 죄인들이 와서 예수와 그 제자들과 함께 앉았다"**고 되어 있습니다.

잔치에 참석한 대부분의 사람들은 그 당시에 죄인으로 취급 받던 로마 정부의 앞잡이들과 사회적으로 윤리와 도덕을 지키는데 수준 이하였던 사람들 즉, 세리와 창기와 같은 사람들이었습니다. 그 당시 사회적 통념에서 생각해 보면 죄인들과 함께 어울리는 자체가 파격적이고 비신사적인 행동이었습니다. 옛날이나 지금이나 천민들과 함께하는 것은 모두가 꺼려하는 것이었습니다.

레위는 예수님이 자신을 알아주고 주님의 제자로 부르신 은혜를 생각하고 예수님과 제자들을 초청하여 식사하는 가운데 자기와 비슷한 또래에 있는 사람들까지 초청하여 예수님을 소개하고 그들도 그 교제권 안으로 들어오도록 안내하고 있습니다. 경험한 사람만이 할 수 있는 배려입니다. 은혜를 아는 사람은 또 다른 사람들에게 은혜를 베풀며 예수님을 소개해 주는 것입니다. 예수님을 만나야 참 인생의 의미를 깨닫고 올바른 삶을 살 수 있다는 것을 레위는 경험했기 때문에 그런 자리를 마련한 것입니다. 주님을 진정으로 만난 사람은 자신의 유익을 추구하면서 신앙 생활하지 않고 자기와 비슷한 처지에 있는 사람들을 예수님과 교제 하도록 이끌어 새 삶을 살도록 인도하는 역할을 하게 합니다. 예수님께서는 그런 자리를 좋아하시고 함께 식사하면서 천국민의 도리를 전하시고 천국 복음을 전하여 그들도 동일하게 참 교제권 안으로 이끄시는 것입니다. 누구든지 주님을 소개하고 교제하는 자리를 마련하면 예수님은 마다하지 않으시고 죄인들의 친구가 되어 주신 것입니다.

우리가 사회에서 어떤 처지에 있든지 간에 그리스도를 나의 왕이요 주님으로 영접하면 이와 같은 특권을 누리게 됩니다. 이것이 풍성한 기독교 구원의 은총입니다. 어떤 죄인이든지 예수 그리스도를 영접한 자들은, 하나님께서 그리스도와 함께 하늘에 앉히시는 은혜를 베풀어 주시는 것입니다. 그러므로 사도 바울은 **"이제부터 너희는 외인도 아니요, 나그네도 아니요, 오직 성도들과 동일한 시민이요 하나님의 권속이라(엡2:19)"** 고 했습니다. 우리 가운데 전날 사회에서 손가락질 받던 성도가 있습니까? 그 처지를 아직도 잊지 못하고 괴로워하는 성도가 있습니까? 이제는 깨끗이 잊어버리십시오. 여러분은 고귀한 하나님의 자녀요, 천국 백성의 특권을 지닌 존재가 되었음을 확신하시기 바랍니다. 그리고 성도들은 "어떻게 저런 사람이 예수 믿고 우리 교회에 함께 출석하게 되었나?" 라고 비판하거나 차별하는 생각을 버리십시오. 그러한 비판과 차별 의식은 곧 바리새인들이 주님을 비난한 행위와 다를 바 없는 큰 죄인 것을 잊지 마십시오.

우리는 빈부귀천을 막론하고 누구나 다 하나님 앞에서 지옥에 갈 죄인들이었습니다. 우리가 하나님의 백성이 된 것은, 결코 우리의 신분이나 노력으로 된 것이 아닙니다. 모두 다 그리스도의 속죄 은혜를 통해 하나님께서 거저 주신 선물입니다. 그러므로 자기 신분을 자랑하거나 이웃 성도를 업신여기는 일은, 하나님과 그리스도를 깔보는 행위입니다. 나와 다른 성도도 다 동일한 하나님의 은혜와 사랑을 받고 있는 귀한 존재요, 하늘나라의 유업을 함께 누릴 동등한 가족이라는 의식을 지니고 서로를 귀하게 대할 수 있기를 바랍니다. 사람 앞에서는 좀 의롭고 깨끗할지 모르나 하나님 앞에서는 모두가 똑같은 죄인입니다. 거울 앞에 선 나의 모습을 상상해 보십시오.

종교지도자들의 부정적 반응

그 당시 종교 지도자들이었던 바리새인과 서기관들이 예수님께서 죄인들과 세리들과 함께 식사하는 것을 목격하고 예수님의 제자들에게 어떻게 그런 행동을 할 수 있느냐고 비난을 퍼부었습니다. 그들의 잣대로 볼 때는 너무나 당연한 비난이었고, 불평의 요소가 될 수밖에 없었습니다. 바리새인들은 율법에 대해서 아주 엄격한 규율을 가지고 있었습니다. 바리새인들은 그들이 가지고 있는 성경 해석을 따르지 않는 모든 사람들을 다 죄인 취급을 했습니다. 예를 들면 바리새인들은 정결함과 씻는 예식에 대해 까다로운 규범을 가지고 있었습니다. 그렇기 때문에 식사 전에 손을 씻지 않은 사람은 바리새인들이 보기에는 누구나 죄인이었고, 하물며, 세리의 집에 예수님이 들어가 저녁을 함께 먹는다는 것은 큰 충격이었습니다. 유대인들이 상종도 아니하는 세리의 집에 들어가 저녁을 먹는 행위나 죄인 취급 받는 창기나 도덕적인 문제를 가지고 있는 사람들과 식사를 하면서 어울린다는 것을 도무지 받아들일 수 없었던 것입니다. 왜냐하면 식사를 함께 한다는 것은 유대나라뿐만 아니라 세계 공통적으로 특별한 의미가 있습니다. 식사를 함께 한다는 것은 곧 '교제를 한다, 친구가 된다, 그들을 인정한다'는 뜻입니다. 영어에 친구란 말을 가리키는 단어에 'Companion'이란 말이 있습니다. 이 말은 라틴어에서 왔는데 하나는 '함께'란 뜻의 'Cum'이란 말과, 다른 하나는 '먹는다'란 뜻인 'Panis'라는 두 단어가 복합된 말입니다. 즉 우정, 친구란 말은 '함께 먹는다', '같이 먹는다'라는 뜻입니다. 예수님이 사회의 말단 계층에 있는 사람들과 친구가 되고, 특히 매국노로 낙인찍힌 사람의 집에서 비슷한 사람들과 식사를 하면서 같이 있다는 자체를 받아들일 수 없었던 것입니다.

　세상 사람들이 가지고 있는 가치관을 우리가 따라갈 수 없다고 하더라도 종교지도자들이 가지고 있는 율법의 엄한 교훈을 우리가 따라야 될 것이라고 생각하지만 자기의 의를 내세우며 죄인들을 용납하지 못하는 편견은 분명히 수정되어야 하고 지탄받아야 합니다. 종교지도자들까지 죄인들을 거부하고 어울리지 않는다면 그들이 설 수 있는 자리는 아무데도 없습니다. 주님은 세리와 죄인들의 친구가 되어 비난을 받아도 그것을 기쁨으로 여기셨던 것입니다. 수고하고 무거운 짐을 진 자들이 와서 기댈 수 있는 언덕이 되어 주신 주님은 우리도 동일하게 친구로 삼고 있는 것입니다. 주님이 정죄하지 않는 한 우리가 가진 종교적인 잣대로 사람들을 정죄하거나 판단하지 맙시다. 자기가 가진 의의 잣대로 다른 사람들을 판단하면 자기들의 그 판단에 의해서 심판을 받게 됩니다. 약자들과 소외된 자들의 친구가 되어 주고 함께 하는 아량과 배려 그리고 이해가 있어야 합니다. 그렇게 할 때 다양한 사람들, 특히 소외된 사람들을 끌어안을 수 있게 됩니다.

예수님께서 오신 목적

예수님께서 바리새인들과 서기관들이 제자들에게 비난하는 소리를 들으시고 비유적인 말씀을 통해서 주님이 이 땅에 오신 목적을 말씀하고 있습니다(17). 건강한 자에게는 의사가 필요하지 않고, 병든 자라야 쓸 때가 있는 것처럼 주님도 의인을 부르러 오신 것이 아니라 죄인을 불러 구원하시기 위해서 오신 것입니다. 건강한 사람은 병원을 찾지 않습니다. 자기 몸이 아파서 스스로 고칠 수 없다고 판단 될 때 의사를 찾아서 진찰을 받고 치유를 받는 것과 같이 자기가 스스로 의인이라고 생각하면 주님께 나올 이유가 없습니다. 죄인들만이 주님이 필요한 것입니다. 죄를 사해 줄 수 있는 분이 예수님 밖에 없기 때문에 주님이 필요로 한 것입니다. 그런데 중요한 사실은 이 세상에서 의인이 한 사람도 없다는 것입니다. 롬3:10절에 **"기록한바 의인은 없나니 하나도 없으며"**라고 단언하고 있습니다. 예수님은 스스로 의인이라고 하는 사람들을 위해서 오셔서 십자가를 지신 것이 아니라 죄와 허물로 죽었던 우리(엡2:1)를 살리기 위해서 오셨습니다. 스스로 의인인체 하는 것은 교만의 소치입니다. 병든 사람처럼 자기 스스로는 아무 것도 할 수 없다고 의사를 찾아서 도움을 요청하고 치료를 받는 것과 같이 영혼의 문제를 스스로 어떻게 할 수 없다는 것을 인정하고 주님 앞에 나와서 도움을 요청하는 자를 주님께서는 깨끗하게 치료하시고 구원해 주시는 것입니다.

예수님께서 **"내가 의인을 부르러 온 것이 아니요 죄인을 부르러 왔노라"**(17)고 말씀하신 것은, 주님께서 범죄한 우리 인생을 죽음의 질병을 가진 환자로 보신 것을 의미합니다. 인간은 죄로 말미암아 죽음에 이르는 병을 앓다가 결국은 사망에 이르는 존재입니다. 이 세상이 고해(苦海)와 같은 이유가 무엇 때문입니까? 죄가 문제입니다. 죄 때문에 모든 고통과 환난이 옵니다. 이 문제를 누가 해결할 수 있습니까? 예수님만이 이 문제를 해결할 수 있습니다. 영혼의 의사가 되시는 우리 주님께서는 환자인 우리를 부르시고 살리시고 치료하시고 구해 주시기 위해 우리를 찾아 오셨습니다. 예수님께서는 이 세상 사람들의 죄 문제를 해결하기 위해 십자가에서 죽임을 당하시고 부활하심으로 말미암아, 모든 죄와 사망의 권세를 이기시기 위해 이 땅에 오신 것입니다. 따라서 자신이 죄인이라는 것을 인정하지 않는 바리새인들과 같은 자들에게는, 예수님의 구원의 은총이 절대로 미칠 수가 없는 것입니다. 혹시 여러분은 스스로를 무가치하고 쓸모 없는 인간이라고 자학하고 있지는 않습니까? 더럽고 추한 죄인이라고 부끄러워하고 있지는 않습니까? 예수님께로 나아오십시오. 환자들이 미련하게 병원에 오는 것을 미루다가 돌이킬 수 없는 질병으로 치료가 불가능 상태까지 가면 후회해도 소용이 없습니다. 내가 죄인임을 인정하는 순간 주께로 나오십시오. 주님께서는 만병의 대(大)의사가 되셔서 모든 영육간의 질병을 치료하실 수 있습니다. 주님은 "**건강한 자에게는 의원이 쓸데없고 병든 자에게 라야 쓸데 있느니라. 내가 의인을 부르러 온 것이 아니요 죄인을 부르러 왔노라**"고 하셨습니다.

그래서 우리는 이렇게 찬양 합니다(새찬송 279).

> 인애 하신 구세주여 내가 비오니
> 죄인 오라 하실 때에 날 부르소서
> 주여 주여 내가 비오니
> 죄인 오라 하실 때에 날 부르소서.

주님은 우리의 모든 죄와 허물을 용서하시고 깨끗하게 하셔서 창조시의 형상으로 회복시켜 주십니다.

욕심에 가득 차 돈의 노예가 된 우리를 불러서 고상한 삶을 살도록 하시는 예수님의 사랑을 우리는 발견하게 됩니다. 본전 생각이 나서 돈, 돈 하다가 많은 사람들로부터 손가락질 당하고 수전노라고 따돌림 당하며 살 수 밖에 없는 우리를 불러 주신 주님을 찬양합니다. 죄인들이라고 치부되어 누구도 가까이 하지 않는 우리를 찾아와서 함께 식사하시며 위로하시는 주님의 따뜻함을 이 시간 느끼게 되니 감사할 뿐입니다. 세상 사람들은 유유상종이라고 좀 생활 수준이 높고 배운 자들은 그들끼리 놀고 친구가 되어야 된다고 목소리 높이고 있는데, 나약하고 죄인된 우리를 불러 건강한 삶을 살고 의인으로 살아 갈 수 있도록 십자가를 통해서 인생의 목적을 역전시켜 주신 주님을 생각할 때 감사할 뿐입니다. 예수님께서 나를 친구로 삼아 주신 은혜를 생각하면 살맛이 절로 납니다. 주님께서 부르셔서 교제케 하시는 은총을 마음껏 누릴 수 있기를 소망합니다.

Chapter 14

새 포도주는 새 부대에
(New wine into new wineskins)

마가복음 2:18-22

요한의 제자들과 바리새인들이 금식하고 있는지라 사람들이 예수께 와서 말하되 요한의 제자들과 바리새인의 제자들은 금식하는데 어찌하여 당신의 제자들은 금식하지 아니하나이까 예수께서 그들에게 이르시되 혼인 집 손님들이 신랑과 함께 있을 때에 금식할 수 있느냐 신랑과 함께 있을 동안에는 금식할 수 없느니라 그러나 신랑을 빼앗길 날이 이르리니 그 날에는 금식할 것이니라 생베 조각을 낡은 옷에 붙이는 자가 없나니 만일 그렇게 하면 기운 새 것이 낡은 그것을 당기어 해어짐이 더하게 되느니라 새 포도주를 낡은 가죽 부대에 넣는 자가 없나니 만일 그렇게 하면 새 포도주가 부대를 터뜨려 포도주와 부대를 버리게 되리라 오직 새 포도주는 새 부대에 넣느니라 하시니라

사람들은 자신이 믿고 행하는 것을 타인들에게 강요하기 쉽습니다. 그것이 유익하기 때문이기도 하지만 주로 자신의 신앙 관습에 의해서 굳어진 습관을 다른 사람들에게 강요하는 경우가 많습니다. 삶에 유익하고 보람이 있는 일은 자신이 경험한 것이라면 다른 사람들에게 이야기해서 함께 하는 것도 바람직하지만 너무 강요하는 것은 때론 부작용을 낳는 결과를 가져오기도 합니다. 좋은 내용을

권유해야지 형식이나 의식 외형적인 것을 행하도록 강조하는 것은 삼가야 합니다. 주님은 내용을 중요시 여기면서 외형적인 것을 행하도록 했으며, 두 가지가 균형을 맞출 때 능력이 있고 기적을 맛보게 된다는 것을 말씀하십니다. 형식만 살아있고 내용이 빠진 것은 껍데기 신앙으로 책망 받아야 마땅합니다. 새로운 질서와 사회에서는 그것에 맞는 내용과 형식이 필요함을 금식의 관습을 통해 말씀하시는 것입니다.

오늘 본문은 바로 그와 같은 외식적인 행위에 대해서 일침을 가하는 말씀이 담겨져 있습니다.

금식하는 사람들

오늘 본문에는 금식하는 사람들이 세례 요한의 제자들과 바리새인들이라고 말씀하고 있습니다. 금식하는 것을 보면 상당히 신앙이 깊고 경건한 사람들이었던 것 같습니다. 바리새인들의 해석을 보면 금식은 일반인들(죄인들과 세리)은 지키지 않는 율법 가운데 하나였습니다. 유대인들은 일 년에 한번, 즉 속죄일에만 금식을 하도록 되어 있습니다. 그러나 좀 더 경건하다고 하는 유대인들은 더 자주 금식을 하곤 했습니다. 바리새인들은 1주일에 두 번씩, 즉 월요일과 목요일에 금식했습니다. 일반적으로 해뜨는 시각부터 해 지는 시각까지 12시간 동안의 금식이었습니다. 그들은 자신들이 금식한다는 사실을 사람들에게 알림으로 자신들이 얼마나 경건한 삶을 살고 있는지를 분명하게 알려 주었습니다(마6:16-18).

성경에는 금식에 대한 규례와 유익 그리고 실례들이 기록되어 있습니다. 사58:6절에는 **"나의 기뻐하는 금식은 흉악의 결박을 풀어 주며 멍에의 줄을 끌러주며 압제 당하는 자를 자유케 하며 모든 멍에를 꺾는 것이 아니겠느냐"**고 기록하고 있습니다. 이것은 하나님께서 원하시는 금식은 형식적이고 외식적인 것이 아니라 실제적이고 현실적이고 구체적인 것이라는 점을 이야기 하는 것입니다.

첫째, 부당하게 묶인 사슬을 풀어주는 것입니다. 악한 권력자에 의해서 고난 받는 지체들을 도와주는 것입니다. 우리 주변에는 나쁜 사람들에게 고난 받는 사람들이 있습니다. 그 사람들을 도와주는 것이 진짜 금식입니다.

둘째, 압제 받는 사람을 자유롭게 놓아주는 것입니다. 정치, 경제, 사회적인 강자에 의해서 눌린 약자들을 돌봐주는 것이 참 금식입니다.

셋째, 모든 멍에를 꺾어버리는 것입니다. 멍에는 부당하게 진 무거운 짐을 말합니다. 이것은 개인적인 문제가 아니라 사회적인 문제입니다. 오늘 이 세상에서 살고 있는 약자들, 억울한 사람들, 병든 사람들을 도와주는 것이 진짜 금식입니다.

사 58:7절에 "너희가 **굶주린 사람에게 먹을 것을 나눠 주고 가난한 노숙자를 집에 맞아들이는 것이 아니냐? 헐벗은 사람을 보면 옷을 입혀 주고 네 혈육을 못 본 체하지 않는 것이 아니냐?**" 이것이 진짜 금식의 정신입니다. 이렇게 하면 하나님께서 복을 주시고, 기도에 응답하실 텐데 우리는 이런 문제는 관심이 없고 자기 문제만 관심이 있습니다. 자기 가족 문제만 관심이 있지 주변에서 눈물을 흘리고 고통이 있는 사람들은 나와 관련이 없다고 말합니다. 하나님께서 이런 문제를 지적하시는 것입니다. 북한은 잘못된 권력자들이 정권을 잡고 있기 때문에 억울하게 감옥에 들어가고 병들어가는 수많은 사람들이 있습니다. 이것을 봐야 합니다. 우리나라에 있는 약자를 보는 눈, 억울한 사람들을 보는 눈이 있어야 합니다. 이 문제에 대해 교회와 하나님의 사람들이 관심을 갖는 것이 하나님의 뜻입니다.

실례로는 1) 사사 시대의 금식을 볼 수 있습니다.

2) 사무엘 시대의 금식을 봅니다. 삼상7:6절에 **"그들이 미스바에 모여 물을 길어 여호와 앞에 붓고 그 날에 금식하고 거기서 가로되 우리가 여호와께 범죄하였나이다 하니라 사무엘이 미스바에서 이스라엘 자손을 다스리니라."** 라고 했습니다.

3) 페르시아의 하만에 의해서 유대인 전체가 멸절 위기에 있을 때 모르드게와 에스더는 금식을 선포하고 기도하는 가운데 그 위기를 모면하게 되었습니다.

에4:3절 왕의 조명이 각 도에 이르매 유다인이 크게 애통하여 금식하며 곡읍하며 부르짖고 굵은 베를 입고 재에 누운 자가 무수하더라

에4:16절 당신은 가서 수산에 있는 유다인을 다 모으고 나를 위하여 금식하되 밤낮 삼일을 먹지도 말고 마시지도 마소서 나도 나의 시녀로 더불어 이렇게 금식한 후에 규례를 어기고 왕에게 나아가리니 죽으면 죽으

리이다.

4) 개인적으로는 다윗이 자기의 아들이 죽었을 때 금식했습니다. 삼하12:16절에 **"다윗이 그 아이를 위하여 하나님께 간구하되 금식하고 안에 들어가서 밤새도록 땅에 엎드렸으니"** 그는 금식함으로 아이의 죽음 앞에서 자신의 죄를 깨닫고 다시 일어날 수 있었습니다.

5) 예수님의 금식을 우리는 기억해야 합니다. 공생애를 시작하면서 제자들을 부르기 전에 광야에 나가서 예수님은 하나님 앞에 금식하며 40일을 기도했습니다. 마4:2절에 **"사십 일을 밤낮으로 금식하신 후에 주리신지라"**

종합해 보면 평안할 때 금식한 것이 아니라 위급하고 어려울 때, 죽음을 통한 비통한 마음을 가질 때, 하나님께 죄를 지었을 때 그리고 중대한 일을 앞두고 금식했던 것을 알 수 있습니다. 실제 평안하고 안정될 때는 금식을 잘 하지 않습니다. 그러나 다급한 사건이 생기면 우리는 생명을 내어 놓고 금식할 수밖에 없습니다. 새해가 되고 중요한 가사나 교회의 일이 있을 믿음의 사람들은 금식하면서 하나님께 매달리게 되는 것입니다. 지금은 우리 가정이나 교회 그리고 국가를 생각하면 금식할 때임을 자각하게 됩니다. 가정은 빚더미 속에서 허덕이고 있고, 자녀들은 일자리를 찾지 못하고 방황하고 있으며, 갈피를 잡지 못하고 있습니다. 자녀손들을 위해서 우리는 금식하며 기도해야 할 것입니다. 교회적으로는 교회가 부패하고 세속화 되어 영혼 구원하는 전도가 되지 않고 이단들이 날뛰고 있는 상황에 우리는 하나님께 매달리며 금식해야 할 것입니다. 국

가적으로는 구제역과 남북간의 긴장과 경제적 위기 등으로 어려운 현실입니다. 금식하면 흉악한 결박을 풀고 참 자유와 평화를 가져오게 됩니다. 하루나 한 끼씩 금식하면서 하나님의 도움을 구하는 성도들이 되어야 할 것입니다.

그러면 우리는 어떻게 금식해야 할까요? 예수님의 가르침에 귀를 기울여야 합니다. 마6:16-18 절에 "**금식할 때에 너희는 외식하는 자들과 같이 슬픈 기색을 내지 말라 저희는 금식하는 것을 사람에게 보이려고 얼굴을 흉하게 하느니라 내가 진실로 너희에게 이르노니 저희는 자기 상을 이미 받았느니라. 너는 금식할 때에 머리에 기름을 바르고 얼굴을 씻으라. 이는 금식하는 자로 사람에게 보이지 않고 오직 은밀한 중에 계신 네 아버지께 보이게 하려 함이라 은밀한 중에 보시는 네 아버지께서 갚으시리라.**"라고 했습니다.

예수님께서는 그 당시에 외식적으로 금식하는 바리새인들을 고발하면서 성경의 가르침대로 진실 되게 금식해야 할 것을 주문하고 계십니다.

신랑되신 그리스도

어떤 사람들은 왜 예수님의 제자들은 금식을 하지 않는지에 대해서 질문을 하기도 했습니다. 이 질문이 순수한 동기에서 나온 질문인지 아니면 제자들의 의롭지 못함을 고발하려는 의도에서 나온 질문인지는 알 수 없습니다. 이 질문에 대해서 예수님께서는 당시에 잘 알려진 풍습을 가지고 답변을 했습니다. 혼인 잔치에 관한 것이었는데 그 당시는 약혼이 길었던 때라 (어떤 경우에는 몇 년씩 걸리고 했습니다) 결혼식은 성대한 잔치와 기쁨의 시간이었습니다. 윌리암 바클레이(William Barclay)는 이렇게 말합니다. "전반적으로 생활이 어려웠던 때인 만큼 결혼 잔치를 하는 주간은 한 사람에게 있어서 인생의 가장 기쁜 시간이었는데 이러한 랍비의 규정이 있다. '신랑을 수종드는 모든 사람들에게 기쁨을 감소시킬 수 있을 만한 종교적 의무가 있을 경우에는 그것들을 준수할 필요가 없다'"

예수님은 잔치의 비유를 통해서 자신이 이 땅에 계시는 동안이 바로 혼인 잔치요 자신은 신랑이며, 십자가의 사건의 통해서 구원의 시대가 도래했음을 시사하고 있는 것입니다. 예수님은 자신이 신랑이면서 메시야 되심을 드러내고 있습니다. 예수님은 아주 즐거운 잔치를 통해서 기쁨의 축제인 구원의 성격을 드러내면서 잔치의 주인이 바로 그리스도이시며, 모든 종교의 행위의 중심에게는 당신이 있음을 보여 주시고 계시는 것입니다. 예수님은 우리의 신랑이고 최후의 혼인잔치에 신부로 우리가 서게 될 것입니다. 새 찬송 175장은,

> 신랑되신 예수께서 다시 오실 때
> 밝은 등불 들고 나갈 준비 됐느냐
> 그날 밤 그날 밤에 주님 맞을 등불이 준비됐느냐

4절　그 날 밤에 영화로운 혼인 잔치에
　　　기뻐하며 할렐루야 찬송 부르리
　　　그날 밤 그날 밤에 주님 맞을 등불이 준비 됐느냐
[후렴]　예비하고 예비하라 우리 신랑 예수 오실 때
　　　밝은 등불 손에 들고 기쁨으로 주를 맞겠네

라고 마지막 날 혼인 잔치에 우리가 신랑 되신 주님을 기쁨으로 맞아 구원의 즐거움을 만끽할 것을 분명히 하고 있습니다.

그리스도께서 우리의 신랑이 되신다는 사실은 우리 가정의 가장으로 모든 가사를 다 책임지신다는 의미가 함축되어 있습니다. 가장이 권위를 가지고 가정의 일을 처리하는 것과 같이 우리 가정이나 교회에서 우리 주님께서 주인이 되셔서 일들을 처리하시고 우리에게 필요한 것과 의식주 문제를 해결해 주시는 것입니다. 신랑 되신 주님을 가정에 모시고 늘 다스리심을 받을 때 우리의 가정이 형통하게 되고 복을 받게 될 줄 믿습니다.

새로운 변화

예수님은 자신이 오신 목적이 무엇인지 그 당시 사람들이 잘 알고 있는 생활 방식으로 설명하고 있는데 하나는 옷이 낡아 떨어질 때 그것을 보수하는 것을 가지고 설명을 했습니다. 생베 조각을 낡은 옷에 붙이게 되면, 옷을 빨았을 때에 기운 새것이 낡은 옷감을 당기어 헤어짐이 더하게 된다는 것이고, 다른 하나는 새 포도주는 신축성이 있는 부대에 넣어서 포도주가 발효하면서 부풀어 올라 터지는 일이 없도록 해야 하는 것이었습니다. 예수님 당시 중동 지방에서는 병 같은 용기를 구하기 어려웠기에 포도주를 보관하거나 운반할 때 가죽 부대를 사용했습니다. 그런데 가죽 부대는 오래 사용하여 낡으면 탄력이 줄어들어 단단하게 변하고 맙니다. 따라서 낡은 가죽 부대에 새 포도주를 넣으면 발효되면서 가스를 발산시키므로 낡은 부대가 가스의 압력을 견디지 못하여 터져 버리게 됩니다. 예수님께서 새 포도주는 새 부대에 담아야 한다는 사실을 알려주시며 이런 비유를 통해 우리들에게 말씀하시려는 의도가 무엇이겠습니까? 낡은 부대는 바로 포도주를 담는 용기로써 형식과 외식주의에 빠져 있는 잘못된 장로의 유전과 바리새인들이 지키는 온갖 전통들이었습니다. 이는 안식일 지키는 문제와 구약에 관한 제의들에 대한 것인데 오늘 본문에는 금식에 관해서 말씀하고 있습니다. 그러면 새 포도주는 예수님께서 인류를 위해 십자가에 달려 보혈을 흘려주신 구원의 사역을 통한 모든 진리를 의미하고 새로운 질서를 의미합니다. 예수님께서는 십자가를 지고 죽으심으로 온 세상을 구원하고 영생을 주시려는 하나님의 섭리를 온전히 이루셨으며 또한 죄인들을 위해 생명을 주시는 사랑의 법으로서 구약의 율법을 완성하신 것입니다. 율법과 그것이 덧붙인 군더더기를 따라 사는 것이 아니라 그리스도께서 이루어 놓으신 구원의 새 진리를 좇아 사는 것이 새 포도주를 새 부대에 담아 사는 합당한 삶입니다.

그리스도인들은 주님의 십자가를 통해서 은혜를 받고 거듭나 새로운 피조물이 되었는데, 새 피조물은 바로 마음의 변화를 의미하는 것입니다. 약간의 변화가 아니라 전적인 변화를 의미하는데 바울은 **"너희 안에 이 마음을 품으라 곧 그리스도의 마음이니(빌2:5)"** 라고 하면서 주님의 심장을 이식해야 할 것을 주문하고 있습니다. 에스겔 선지자를 통해서 하나님께서 이 마음을 주시는데 이것은 전혀 새로운 것임을 말씀하고 있습니다. 겔 36:26절에 **"또 새 영을 너희 속에 두고 새 마음을 너희에게 주되 너희 육신에서 굳은 마음을 제하고 부드러운 마음을 줄 것이며"** 하나님께서는 새로운 성품을 주시며, 우리는 그리스도 안에서 새로운 피조물이 되는 것입니다. 고후 5:17절에 **"그런즉 누구든지 그리스도 안에 있으면 새로운 피조물이라 이전 것은 지나갔으니 보라 새 것이 되었도다"** 라고 했습니다.

주님께서 세우신 교회는 새로운 변화에 새 질서를 따라 살아야 합니다. 전통에 얽매여 한 발자국도 앞으로 나가지 못하는 것은 옛 것, 낡은 부대를 고집하는 것입니다. 주님이 베푸신 구원의 은총을 새로운 부대에 담을 때 우리의 부대가 더 존귀하게 되는 줄 믿습니다. 옛 것을 고집하고 전통에 얽매여 있으면 내용까지도 다 쏟아져 아무 소용이 없게 되고 맙니다.

금식은 너무나 좋은 의식이지만 자랑하거나 자신을 경건한 자로 자처하기 위해 사용하는 것은 옳지 않습니다. 금식은 자신의 영성이 더 깊어지는데 유용하게 사용해야 합니다. 우리 주님은 구원의 축제에 우리를 신부로 초대하여 혼인 잔치에서 누리는 더 깊은 차원의 즐거움을 누리도록 하십니다. 그래서 신앙생활은 재미있는 것이고 즐거운 것입니다. 문제는 우리가 예수님을 신랑으로 삼고 사느냐 하는 것입니다. 우리 주님은 낡은 유전이나 전통에 얽매여 있는 사람들에게 그것이 올무가 되지 않도록 새 포도주(구원의 은총과 진리)는 새 부대에 담아야 할 것을 주문하고 있습니다. 사회 속에서 믿지 아니하는 사람들과 전혀 다른 질서 속에서 새로운 삶을 사는 건강한 주의 백성들이 되어야 할 것입니다.

Chapter 15

안식일의 주인, 예수 그리스도
(The Lord's day)

마가복음 2:23-28

안식일에 예수께서 밀밭 사이로 지나가실새 그의 제자들이 길을 열며 이삭을 자르니 바리새인들이 예수께 말하되 보시오 저들이 어찌하여 안식일에 하지 못할 일을 하나이까 예수께서 이르시되 다윗이 자기와 및 함께 한 자들이 먹을 것이 없어 시장할 때에 한 일을 읽지 못하였느냐 그가 아비아달 대제사장 때에 하나님의 전에 들어가서 제사장 외에는 먹어서는 안 되는 진설병을 먹고 함께 한 자들에게도 주지 아니하였느냐 또 이르시되 안식일이 사람을 위하여 있는 것이요 사람이 안식일을 위하여 있는 것이 아니니 이러므로 인자는 안식일에도 주인이니라

어느 안식일 오후에 로마의 황제가 친분이 있는 랍비의 집을 방문했습니다. 그는 미리 연락도 하지 않은 채 갑자기 찾아갔으나 그곳에서 매우 즐거운 시간을 보낼 수 있었습니다. 음식은 매우 맛이 좋았고, 식탁 둘레에서는 사람들이 소리에 맞추어 노래 부르며 탈무드에 나오는 이야기로 꽃을 피웠습니다. 황제는 대단히 즐거워하며, 다음 수요일에 다시 오겠다고 약속하고 돌아갔습니다. 다음 수요일이 되어 황제가 찾아오자 사람들은 미리 준비하고 기다리고 있

었으므로 가장 좋은 그릇에 음식을 차려 놓았고, 지난번에는 안식일이라 쉬었던 하인들까지도 줄을 지어 영접하였습니다. 요리사가 없어 찬 음식만을 내놓았던 지난번과는 달리 이번에는 따뜻하고 기름진 요리가 많이 나왔습니다. 그런데도 황제는 "음식은 역시 지난 토요일에 먹은 것이 맛있었네. 지난번 요리에는 어떤 향료를 넣어 만들었는가?"라고 물었습니다. "황제께서는 그 향료를 구하실 수 없습니다"라고 랍비가 대답하자 "아닐세, 로마 황제는 어떤 향료라도 구할 수가 있다네" 하며 자신 있게 말했습니다. 그러자 랍비는 이렇게 말했습니다. "황제 폐하께서는 아무리 노력하셔도 '안식'이라는 향료를 구하시지는 못합니다. 유대인의 '안식일'이라는 향료입니다. 그들은 음식의 향처럼 안식을 즐겁고 기쁘게 지키고 아주 중요하게 생각하고 있습니다. 어떤 경우에는 도가 너무 지나쳐서 문제이기도 하지만 말입니다." 오늘 함께 읽은 본문은 도에 지나친 바리새인들의 안식일 준수에 대한 잘못을 지적하는 예수님의 말씀의 일부입니다. 예수님께서 말씀하신 안식일에 대한 진의가 무엇인지 함께 생각해 보았으면 합니다.

바리새인의 오해

예수님과 그의 제자들이 밀밭 사이로 지나가게 되었습니다. 제자들이 길을 열면서 안식일에 밀 이삭을 잘랐습니다. 바리새인들이 그들이 하는 행동을 보고 예수님께 안식일에 하지 못할 일을 했다고 비판 했습니다. 그들은 제자들이 안식일에 금지된 규정(출 34:21 **너는 엿새 동안 일하고 일곱째 날에는 쉴지니 밭 갈 때에나 거둘 때에도 쉴지며**)을 어겼다고 말합니다. 즉 이삭을 자른 행동은 안식일에 추수를 금지한 법을 어긴 것이요, 손으로 비빈 행동은 탈곡 금지 위반이요, 먹은 행동은 양식 마련 금지 위반이라는 것입니다. 탈무드는 안식일 동안에는 어떠한 종류의 노동도 할 수 없음을 명시하고 있습니다. 안식일에는 차를 운전하거나 빵을 사면 안 되는 것은 물론이고, 가방을 들고 거리를 걸어서도 안 됩니다. 심지어 휠체어를 밀거나 아기를 안고 다닐 수도 없습니다. 이제는 사문화되다시피 한 계율이지만 말 그대로 '정통파'인 하시드들은 여기에 철저하게 복종합니다. 그들이 안식일에 하는 일이란 오직 예배당에 가서 예배를 드리는 일뿐입니다. 그러나 가족 중 휠체어에 탄 장애인이 있는 경우에는 문제가 좀 복잡해집니다. 탈무드의 계율을 따르자니 예배당에 가야만 하고 예배당에 가기 위해 휠체어를 밀고 나서면 계율을 어긴 셈이 되기 때문입니다. 그래서 하시드 장애인들은 토요일에만 휠체어를 밀어줄 사람을 임시로 고용해야 합니다. 하지만 인건비 비싼 주말인 토요일마다 사람을 고용하는 것은 적잖은 경제적 부담일 수밖에 없습니다.

　뉴욕 타임즈에 실린 내용인데 뉴욕에 있는 보로 파크에 사는 한 유태인은 장애인인 아들과 함께 예배당에 갈 수 있게 해달라고 랍비 카임 카츠에게 호소했습니다. 카츠는 이 문제의 해결을 위해 자신의 회당 근처에 '이루브'(Eruv)를 선포했습니다. 유태인들이 안식일 중에 꼭 필요한 노동만을 할 수 있도록 허락된 일종의 정화구역이 있는데 그것이 바로 '이루브' 입니다. 그 구역 안에서는 노동을 해도 안식일의 계율에 어긋나지 않습니다. 이루브를 선포한 이후로 카츠는 매주 금요일 아침마다 가로수의 가지치기하는 무개차에 올라타고 예배당 근처 225블록의 거리에 전깃줄을 매듯 낚싯줄을 둘러칩니다. 낚싯줄에는 정화된 구역이라는 것을 표시하기 위한 리본이 달려 있습니다. 이루브의 탄생을 가장 기뻐하는 사람들은 어린 자녀를 둔 어머니들입니다. 보로 파크의 하시드 가정엔 보통 대여섯 명의 자녀가 있습니다. 안식일에 아기를 안거나 유모차를 밀고 거리로 나설 수 없는 어머니들은 토요일 해가 질 때까지 집안에 갇혀 있어야 했습니다. 하루 종일 집안에서 '나가고 싶은 마음에 미칠 것 같던' 여성들이 이루브 안에서나마 제한적인 자유를 맛보게 된 것입니다. 자신들이 만든 규율이 올무가 되어 참된 자유를 누리지 못하는 것은 진정한 의미에서 하나님의 자녀의 태도가 아닙니다.

한 학생이 시골에서 철저하게 주일 성수에 대한 훈련을 받고 대학을 서울로 진학하여 학사에 머물게 되었는데 그 교회가 운영하는 학사가 대학교 근처에 자리를 잡고 있었고 주일 교회까지 오는 데는 버스를 타고 와야 했습니다. 그 학생은 버스를 타고 그 교회에 올 수 없다고 하여 학사 가까이에 있는 걸어서 갈 수 있는 교회에 출석하게 되었다고 합니다. 예배에 참석하는 선한 목적에는 버스

타는 것을 금하지 않습니다. 율법의 정신을 훼손하지 않는 범위 안에서 규율을 만들어 준수하는 것이 참 그리스도인의 자유며 특권입니다. 그러나 말씀의 진의까지 망각하고 방종하는 것은 더 위험할 수 있습니다.

바리새인들은 안식일의 본래 정신을 잃어버리고 율법 자체에 얽매여 그 율법을 가지고 다른 사람들을 정죄했던 것입니다. 주일 성수에 대해서 그 정신은 잃어버리고 뼈대만 앙상하게 남아서 다른 사람을 정죄하거나 비판하는 도구가 되어서는 안 됩니다. 본인은 철저하게 지키고 다른 사람에 대해서는 관대한 마음을 가지는 것이 말씀을 지키는 올바른 태도입니다. 바리새인들은 자신들은 본질적인 의미를 잃어버리고 다른 사람들에게 잣대를 쉽게 대고 판단하는 잘못을 범하고 있는 것입니다. 우리도 주일 성수에 대해서 올바른 정신을 가지고 지켜야 할 것입니다. 내용이 없는 주일 성수가 다른 사람들을 비판하는 도구가 되어서는 안 될 것입니다.

다윗의 케이스

누가복음 6장에는 예수님의 제자들이 안식일에 밀밭 사이를 지나가면서 밀 이삭을 잘라서 손으로 비벼 먹은 일을 첨가하고 있습니다. 그것은 제자들이 배가 고팠기 때문이라고 마태복음에서는 기록하고 있습니다(마12:1). 밀 이삭을 자르는 것은 추수이고, 비비는 것은 타작의 행동으로 규정되어 안식일에는 이런 행위가 금지되어 있었는데 제자들이 이 두 가지를 하여 안식일 규칙을 어긴 것입니다. 그래서 바리새파 사람들이 이것을 보고 "왜 당신들은 안식일에 금하는 일을 합니까?" 하고 항의하였습니다. 예수님께서 바리새인들로 하여금 이러한 질문을 받으셨을 때 구약 시대에 있었던 한 사건을 예로 들어서 해명을 하고 계십니다. **"너희는 다윗의 일행이 굶주렸을 때에 다윗이 한일을 읽어 보지 못하였느냐? 다윗은 하나님의 집에 들어가 제사장들 외에는 먹을 수 없는 제단의 빵을 먹고 함께 있던 사람들에게도 주지 않았느냐?"**(26).

다윗이 사울 왕에게 쫓겨 다니다가 너무 시장해서 제사 음식을 먹은 것은 율법 자체를 어긴 것으로 바리새인들이 만들어 놓은 규율을 어긴 것과는 비교가 될 수 없는 범죄 사실입니다. 율법을 어긴 것으로 말하려면 안식일에 밀 이삭을 꺾어 비벼먹은 것은 성전 제단에 올려진 빵을 제사장이 아닌 다른 사람(세속인)이 먹었다는 것과는 비교가 되지 않고 문제가 될 것도 없습니다. 그러면 다윗이 처벌을 받았느냐 하면 그런 것도 아니었습니다. 이런 예를 들어 말씀하시고자 하는 예수의 논점은 인간의 절박한 필요가 율법이나 종교적 의식보다 더 우선한다는 사실을 강조한 것이었습니다. 사복음서를 보면 예수님께서는 제자들과 같이 안식일에 병자들을 고치시는 등 일을 많이 하시므로 안식일의 규정에 개의치 않으신 것을 볼 수 있습니다. 예수님께서 안식일에 손 마른 사람을 고쳐주시자 바리새인들이 왜 안식일에 병 고치는 일을 하느냐고 비난했는데 이때에도 예수님께서는 그들에게 이런 말씀을 하셨습니다. **"어느 사람이 양 한 마리가 있어 안식일에 구덩이에 빠졌으면 붙잡아내지 않겠느냐? 사람이 양보다 얼마나 더 귀하냐? 그러므로 안식일에 선을 행하는 것이 옳으니라"**(마 12:11-12) 법조문보다 사랑이 더 중요하고 사랑보다 더 중요한 것은 생명을 살리는 것입니다. 주님은 법을 무시하지 아니하시면서 사랑과 생명을 살리는 일을 더 중요시 한 것입니다. 교회도 법보다 사랑을, 사랑 위에 생명을 중시 여기고 생명 살리는 일에 매진하는 목적을 실천하는 모습을 보여야 합니다.

안식일의 참 의미

유대인들의 안식일 (Sabbath)은 금요일 일몰부터 시작되어 토요일 일몰에 끝납니다. 주일에 대한 시간 측정도 이것을 좀 고려해서 토요일 저녁부터 주일 저녁 일몰까지 하는 것이 더 낫지 않을까 여겨집니다. 물론 시간이 중요한 것은 아니지만 24시간 온종일 주님을 섬기는 것에 집중하기 위해서는 좀 더 정확한 시간을 정해서 지키는 것이 바람직할 것입니다. 유대인들이 전 세계적으로 흩어져 유랑하는 민족이 되었어도 그 맥을 이어가며 여호와 하나님 신앙에 철저할 수 있었던 것은 바로 안식일에 대한 빈틈없는 준수였기 때문이었습니다. 물론 율법의 다른 부분들도 철저히 지키며 순종하지만 특히 안식일에 관해서 말하기를 "우리가 안식을 지킨 것이 아니라 안식일이 우리를 지켜주었다" 라고 합니다. 이 말은 매우 중요한 의미를 담고 있습니다. 종종 우리는 우리가 주일을 지키는 것처럼 생각하고 나 중심의 주일성수를 하지만 실제로는 주일이 우리의 신앙과 삶을 지켜주는 것입니다. 내가 주일을 지킨다는 것은 의무감이 표현되어 있지만 안식일이 나를 지킨다는 것은 하나님 편에서 공급해 주시는 풍성함을 의미합니다.

예수님은 **"안식일이 사람을 위하여 있는 것이지 사람이 안식일을 위하여 있는 것은 아니다"**(27) 라고 말씀하고 계십니다. 이 말씀은 옛날에 안식일을 지키는 방법처럼 두려워하며 지키는 것이 아니라 즐겁게 지키는 날이 되어야 된다는 뜻으로 하신 말씀입니다. 사람이 어떤 날에 매여야 되는 것이 아니며 날이 사람에게 매여야 한다고 하신 말씀입니다. 다시 말해 날이 주(主)인지 사람이 주(主)인지를 분명히 구별해 준 말씀입니다. 날에 대해 바울이 가르쳤던 로마서 14장의 말씀으로 예를 들어봅시다. 신약의 성도는 **"살아도 주를 위하여 살고 죽어도 주를 위하여 죽으며 사나 죽으나 주의 것이라"**고 했습니다(롬 14:7-9). 이 말은 성도가 주님의 뜻에 따라 살기도 하고 죽기도 한다는 말입니다. 주(主)는 예수님이지 성도가 아니기에 주님이 성도의 뜻에 따라 죽기도 하고 살기도 할 수는 없습니다. 교회의 주인은 예수님이어야 하고 사람이 아니어야 합니다. 성경시대의 주종관계는 엄격하고 분명했습니다. 주인은 종을 하나의 재산으로 생각하였고 때로는 죽이고 살리는 권한을 행사했습니다. 마찬가지로 새 언약으로 말미암아 안식일은 종이며 하나님 안에서 회복된 사람은 그 종을 다스리는 주(主)가 되어야 한다는 말씀입니다. 안식일이 사람에 따라 죽기도 하며 살기도 할 뿐이지 사람이 안식일에 따라 죽기도 하고 살기도 하는 것이 아니라는 말입니다.

안식일 자체에 무게를 두고 율법적으로 지키는 것이 아니라 사람을 위해서 있는 주일을 잘 준수함으로써 하나님을 기쁘시게 해드리고 영광 돌리는 날이 되어야 할 것입니다. 예수님의 말씀은 물론 안식일 준수에 관한 것은 아니었습니다만 하나님께서 인간에게 주신 모든 계명의 중심에는 사람을 살리고 생명을 보존하도록 하신 것이지 그 자체를 지킴으로 사람의 생명까지 희생하도록 하신 것이 아니라는 점이 전제되어 있습니다. 예를 들면 우리가 지키는 교통법규는 사람의 생명을 보존하고 소통을 원활하게 하기 위한 것이지만 간혹 교통사고가 나면 119 구급차는 신호를 어기면서라도 환자를 데리고 병원으로 달려갑니다. 교통질서는 사람의 생명을 살리는 것이 목적이기 때문입니다. 주일 자체를 위한 주일이 되면 안 되고, 사람이 주도권을 가지고 예배하고 섬기는 거룩한 주일이 되어야 할 것입니다. 그렇다고 사람이 자기 마음대로 사용하는 주일이 되어야 한다는 의미는 아닙니다. 생명을 살리고 구원하는 목적으로 주일이 지켜져야 하는 것입니다.

안식일의 주인

예수님은 "**이러므로 인자는 안식일에도 주인이니라**"(27)고 하시면서 자신이 주일의 주인 되심을 명백하게 하신 것입니다. 이 말은 예수님께서 모든 것을 창조하시고 다스리시는 주인이라는 뜻입니다. 예수님이 모든 것의 주인 이라는 사실에 대해서 우리는 이의를 제기하지는 않습니다만 그 분을 그렇게 인정하고 사는 것은 또 다른 문제로 여기는 것 같습니다. 안식일은 앞에서 말씀 드린 것과 같이 하나님께서 온 천지를 창조하신 날을 기념하는 것이고 다음에는 이스라엘 백성들의 바로의 학정에의 출애굽 시킨 유월절을 기념하여 그 구원의 은혜를 기억하도록 하신 날 입니다. 그러므로 안식일의 참된 주인은 창조자이시며 구원자인 예수님 당신 자신이어야 합니다. 십자가에서 죽으신 예수님이 우리를 죄에서 구원하시고 삼일 만에 부활하신 날이라면 그날은 곧 죄 사함 받은 인생들이 영원한 안식을 소망할 수 있는 천국백성으로 다시 태어나는 소망을 가지는 날 입니다. 그러므로 단순하게 쉬는 것뿐만 아니라 나를 살리시고 구원하시며 영원한 소망을 주신 부활의 주님을 기억하며 경배하는 날로 주일에 드리는 예배가 진정한 의미가 있을 것입니다.

바리새인들이 고집하면서 지킨 안식일 준수가 문자적으로나 사람의 전통을 따라 지킬 것이 아님을 주님께서 말씀하시고 판정해 주신 것입니다. 예를 들면, 사람들이 사고를 당하거나 다쳤을 때 응급처치를 합니다. 하지만 응급처치를 한 것 자체는 완전한 치료가 아닙니다. 앰뷸런스에 싣고 병원에 가면 의사가 응급처치 한 것을 풀고 다시 완전한 치료를 해야 합니다. 율법이라는 것은 죄에 대한 응급처치였습니다. 예수님께서는 죄에 대한 의사로 이 땅에 오신 것입니다. 그 분은 병원의 주인이시고 응급실의 주인이시고 성전과 안식일의 주인이셨던 것입니다. 우리는 응급 처치하는 것으로 만족하지 말고 그리스도께서 완전히 치료해 주신 사죄의 은혜에 감격하여 성전을 중심으로 하나님을 기쁘시게 해 드리는 삶을 살아야 할 것입니다. 낡은 옛 것에 집착하지 말고 새 포도주는 새 부대에 담아야 한다는 주님의 말씀을 기억합시다. 또한 옛 성품에 자신을 맡기지 말고 새 피조물 되게 하시며 삶의 주인 되신 주님을 기쁘시게 해 드리는 주일이 되도록 해야 할 것입니다. 나 중심의 신앙 패턴에서 이제는 교회 중심, 예수님 중심의 삶을 살아야 합니다. 주일에 세상적인 일에 우선 순위를 두는 것은 옛 것에 굴복하는 행위입니다. 온전히 주일에 예배함으로 회복해야 하는 삶의 우선순위를 무시하고 세상 사람들이 하는 오락이나 여행이나 운동이나 결혼이나 행사에 참여하여 그리스도인의 품위를 떨어뜨리는 행위는 삼가야 합니다. 우리 주님은 모든 종교적인 질서와 율법의 문제에 있어서 최종 권위자임을 우리가 인정하고 그 분이 말씀 하신 것에 순종하는 성도가 되어야 합니다. 나의 판단과 생각 그리고 경험이 잣대가 되어서는 안 됩니다. 그것은 예수님을 나의 신앙과 삶에 주인으로 모시고 살지 못하는 처사입니다. 종은 주인의 명령과 의도에 절대 순종합니다. 그것이 종에게 있어서 자유이며 안전 보장이 되는 것입니다.

출 20:8-11에 "안식일을 기억하여 거룩히 지키라 엿새 동안은 힘써 네 모든 일을 행할 것이나 제칠일은 너의 하나님 여호와의 안식일인즉 너나 네 아들이나 네 딸이나 네 남종이나 네 여종이나 네 육축이나 네 문안에 유하는 객이라도 아무 일도 하지 말라 이는 엿새 동안에 나 여호와가 하늘과 땅과 바다와 그 가운데 모든 것을 만들고 제칠일에 쉬었음이라 그러므로 나 여호와가 안식일을 복되게 하여 그 날을 거룩하게 하였느니라"라고 했습니다.

여기서 말하는 안식일은 우리가 현재 지키는 주일로 바뀌었습니다. 안식교도들은 지금도 구약의 안식일을 그대로 지켜야 한다고 고집하지만 유월절이 고난 주간과 십자가의 죽음으로 승화되고 그 정신이 계승된 것처럼 안식일도 주의 날, 즉 주일로 계승 발전되었다는 사실을 인정해야 합니다. 그리스도를 중심으로 하는 부활의 날을 주일로 지키는 것은 율법을 완성하신 예수 그리스도의 십자가의 죽음을 의미있게 하는 것입니다. 여호와 하나님께서도 그리스도의 부활을 기념하여 예배하고 섬기는 것을 기뻐하실 것입니다. 그러므로 주일을 잘 지켜 약속하신 복을 누리시는 성도들이 되어야 할 것입니다.

Chapter 16
손마른 환자를 치유하신 예수님
(A man with a crippled hand)

마가복음 3:1-6

예수께서 다시 회당에 들어가시니 한쪽 손 마른 사람이 거기 있는지라 사람들이 예수를 고발하려 하여 안식일에 그 사람을 고치시는가 주시하고 있거늘 예수께서 손 마른 사람에게 이르시되 한 가운데에 일어서라 하시고 그들에게 이르시되 안식일에 선을 행하는 것과 악을 행하는 것, 생명을 구하는 것과 죽이는 것, 어느 것이 옳으냐 하시니 그들이 잠잠하거늘 그들의 마음이 완악함을 탄식하사 노하심으로 그들을 둘러 보시고 그 사람에게 이르시되 네 손을 내밀라 하시니 내밀매 그 손이 회복되었더라 바리새인들이 나가서 곧 헤롯당과 함께 어떻게 하여 예수를 죽일까 의논하니라

유대인들은 예나 지금이나 절기나 안식일 준수를 생명처럼 여깁니다. 이것이 무너지면 선민으로서의 정체성이 망가진다고 생각하는 신앙 때문입니다. 그래서 안식일과 절기를 지킴에 있어서 성경에서 침묵하고 있는 부분까지 경험과 지식을 총동원하여 철저한 규율을 만들어 지켜 오고 있습니다. 그 규율에 어긋나는 사람은 그들의 공동체에서 이방인처럼 여기고 정죄하기도 합니다. 지난 시간에도 살펴 본 것처럼 제자들이 밀밭 사이로 지나가면서 이삭을 잘라

비벼 먹었던 것이 바리새인들에게는 안식일 규정인 추수하지 말라는 계명에 저촉이 되는 것이라고 정죄했습니다. 실제 하나님께서 안식일을 주신 의도와 목적은 온데간데 없고 껍질만 붙잡고 있었기 때문에 예수님과 제자들을 싸잡아 비난한 것입니다. 예수님은 다윗과 그의 동료들이 제사장들 외에 아무도 먹지 못하도록 되어 있는 제사상의 빵을 먹은 예를 제시하면서 안식이 사람을 위해서 존재하신다는 것을 알려 주면서 예수님 자신이 안식일의 주인 되심을 주장하셨습니다.

그러고 난 다음에 친히 안식일에 손 마른 자를 고쳐주심으로 인하여 당신께서 하신 말씀이 진리임을 입증해 보이신 것입니다. 마음에만 품고 있고 말씀만 하시는 예수님이 아니라 진리에 대한 증거로 자신을 고발하려는 바리새인들의 목전에서 실증해 보이시는 주님의 결단과 용기를 보게 됩니다. 진리는 행동으로 드러날 때 참된 것이 됩니다. 오늘 함께 읽은 본문은 바로 예수님의 치유사역을 통해서 안식일을 우리가 어떻게 지켜야 하는가를 가르쳐 주고 있습니다.

한쪽 손 마른 사람

어떤 이유인지 모르지만 예수님께서 안식을 지키시기 위해 회당에 들어갔을 때 한쪽 손 마른 사람이 거기에 있었습니다. 한편 손이

'말랐다'는 것을 '마비되었다'는 의미와 '오그라들었다'는 뜻을 가지고 있습니다. 이유는 무엇인지 모르지만 한 손을 쓸 수 없는 장애인이었습니다. 내가 알고 있는 목사님도 언제부턴가 한쪽 손이 힘이 없으면서 말라가는 질병을 앓고 있습니다. 이유도 잘 파악하지 못하고 해서 더 답답해하는 것을 보았습니다. 오늘 이 환자가 안식일 날 회당에 있었던 것 보면 하나님을 신앙하는 사람이었고, 안식일을 지키기 위해 그곳에 와 있었던 것입니다. 환자들도 안식일에 빠지지 않고 참석했던 것을 보면 특별한 환자가 아니면 주일을 지키는 것은 우리가 해야 할 당연한 의무라는 것을 알 수 있습니다. 안식일인 주일에 하나님께서 우리를 만나주시고 예배를 통해서 은혜를 베풀어 주시기 때문입니다. 주일을 소홀하게 여기는 사람은 하나님의 은혜를 입을 수가 없습니다. 조그만 감기 몸살만 들어도 주일에는 쉽게 집에서 쉬려고 하는 것은 성경의 주일 성수 개념과 차이가 있는 것입니다. 회사나 일터에는 아픔 몸을 이끌고 나가서 자리를 지키는데 주일은 우리가 너무 쉽게 생각하고는 잊지 않은지 성찰해 보아야 합니다. 진짜 몸이 아파서 움직일 수 없을 때는 몰라도 그렇지 않는 경우라면 교회당에 나와서 예배하는 것을 최고의 우선순위로 지켜야 합니다. 주일에 주시는 은혜로 치유를 경험할 수 있기 때문입니다. 불편한 몸을 이끌고 주일예배에 참석하는 분들 보면 대단한 믿음의 소유자라는 생각을 하게 됩니다.

한 손 마른 환자를 보면서 하나님의 백성들도 장애인이 될 수 있다는 것을 시사하고 있음을 우리는 알 수 있습니다. 우리 모두는 주님의 나라 갈 때까지 건강하게 살다가 가기를 원하지만 실제로는 그렇지 못하고 선천성 장애를 가지고 태어나기도 하고 후천적으로 불의 사고나 질병을 통해서 장애를 가질 수 있습니다. 그 장애가 꼭 죄의 결과나 저주를 받아서가 아니라 그러한 것을 통해서 하나님께서 하시고자 하는 섭리가 있기 때문이기도 합니다. 오늘 손 마른 환자는 얼마나 생활에 불편함이 많이 있었겠습니까? 그는 그렇게 생활하면서 하나님을 섬기는 것을 자연스레 받아들이고 그날도 회당에 나와서 예배하게 되었던 것입니다. 어떤 분은 예수님의 안식일 개념이 어떤 지를 테스트하기 위해서 장애인을 회당에 데리고 왔을 가능성이 많다고 주장하기도 합니다. 꼭 그렇다고 가정할 필요는 없습니다. 손 한쪽이 말랐다고 해서 언약 공동체에서 제외된 일은 없기 때문입니다. 예수님은 그를 불쌍히 여기시고 안식일에 선을 행하는 것이 옳은 것임을 바리새인들에게 실증하기 위해서 고쳐 주신 것입니다. 우리가 환자로 장애인으로 사는 것을 너무 비관하거나 불평하지 말고 하나님 잘 섬기면 하나님께서 때에 맞게 치유하시고 영광을 받으시리라 확신합니다. 자기 신세타령하면서 하나님을 원망하거나 교회에 불평을 쏟아내는 것은 옳은 신앙인의 태도가 아닙니다. 하나님을 잘 섬기고 최선을 다하는데 나는 왜 아프냐 혹은 왜 우리 가정에 장애인을 주느냐 등의 말은 하나님을 원망하며 자신에 대한 불평을 토로하는 말입니다. 삼가야 합니다. 감사가 기적을 만들어 내는 것입니다. 어떤 형편에 있어서 하나님의 섭리와 경륜을 수용하고 감사하는 자가 되어야 합니다. 가정에 장애인을 가지고 있으면 생활면에서 불편한 점도 있기는 하지만 그 일로 인하여 온 가족이 더 주님을 신뢰하고 상호간에 아름다운 애정을 키우며 가족애를 돈독하게 할 수 있는 계기가 되는 것을 볼 수 있습니다. 육신의 장애는 우리가 얼마든지 극복할 수 있고, 더 나은 삶의 질로 나아갈 있습니다. 그러나 정신과 영혼의 장애는 더 힘들고 어려운 것입니다. 영육간의 장애 극복은 그리스도 안에서 누리는 은혜와 믿음의 산물입니다.

안식일의 참 의미를 보이신 예수님

바리새인들과 그 당시 종교 지도자들은 예수님을 감시하기 위해 따라 다니면서 자신들의 율법의 잣대를 가지고 정죄하고 고발하려는 움직임을 쉬지 않고 계속하였습니다. 그들의 이런 행동은 말씀대로 산다고 하는 사람들이 자기 의를 드러내려는 교만의 소치입니다. 자신들만 잘 지키면 되지 남의 일까지 참견하고, 메시야로 오신 예수님의 행동을 흠집 내려는 사람들의 소행을 주님께서 아시고 한 쪽 손 마른 환자를 회당 한복판에 세우십니다. 그리고 선과 악, 생명 구하는 것과 죽이는 것에 대한 질문을 통해서 참된 주일 성수의 의미를 말씀하신 것입니다.

왜 손 마른 자를 회당 한복판에 세웠을까요?

1) 손 마른 사람의 필요를 인정하도록 하기 위함이었습니다. 도움을 받기 전에 자신이 도움이 필요하다는 사실을 인정하는 것이 중요하기 때문입니다.

2) 예수님께서 안식일의 본 뜻을 말씀하신 것을 실증해 보이실 필요가 있었기 때문입니다.

3) 예수님께서는 바리새인들이 소중하게 여기는 종교적인 율법보다 사람의 필요가 더 중요하다는 사실을 사람들에게 보여 주기 원하셨던 것입니다.

왜 우리는 조용히 집에서 예배드리지 않고 공개적으로 교회당에 모여서 예배하며 교제합니까? 동일한 맥락에서 우리의 필요를 위해 하나님의 도움이 필요하다는 것을 인정하고, 주님의 메시지가 실제 우리 삶에 경험되도록 하기 위함이며, 더 나아가 규정과 율법 그리고 전통보다 사람의 필요가 더 중요하다는 것을 믿지 아니하는 사람들과 믿음이 연약한 사람들에게 보여주기 위함입니다. 우리가 그리스도인으로 주님 앞에 나와 예배하고 기도할 필요성도 바로 이런 점에 있습니다. 우리의 필요를 주께 아뢰고, 그 분의 능력으로 필요가 채워지며, 우리를 귀하게 여기시고 사랑하시는 하나님의 은혜를 경험하기 위함입니다.

주님은 안식일에 선을 행하는 것과 악을 행하는 것, 생명을 구하는 것과 죽이는 것 어느 것이 옳으냐고 질문하심으로 그들의 의도를 부끄럽게 하시는 것입니다. 당연히 전자를 행해야 함에도 불구하고 선한 일, 생명을 구하는 일을 행하시는 주님을 고발하려는 바리새인들의 어리석음과 무지를 여지없이 드러내시는 것입니다. 선을 행하는 일과 사람의 생명을 구하는 일을 하시는 주님의 사역에 동의하지 않으면 그들은 악한 일, 사람을 죽이는 일을 하는 꼴이 되기 때문입니다. 여기서 우리가 생각하고 지나가야 하는 것은 중간 상태가 없다는 것입니다. 선이냐 악이냐 아니면 살리는 일이냐 죽이는 일이냐 하는 중요한 선택을 해야지 어중간 하게 있어서는 안 된다는 것입니다. 예루살렘에서 여리고로 가던 사람이 강도를 만나게 되었을 때 제사장과 레위사람은 돌보지 않고 그냥 지나감으로 결국 강도 만난 사람은 죽게 되는 결과를 가져오게 되었고, 선한 사마리아 사람은 강도 만나 죽게 된 사람을 돌보아 줌으로써 선을 행하였고 그 사람을 죽음에서 건져 내게 된 것입니다. 제사장과 레위인은 그냥 지나쳐 버리면 된다고 생각했을지 모르지만 결과적으로 악을 행한 것이 되었고, 사람을 죽이는 편에 서게 된 것입니다.

우리가 주일을 소극적으로 지키는 것은 다른 사람에게 피해를 주지 않는 것으로 생각하고 무의미하게 보내는 것으로 여길 수 있지만 결국 악을 행하는 꼴이 되고 다른 사람을 죽이는 처사가 될 수 있습니다. 나 하나쯤 주일 빠져도 괜찮겠지 하는 생각은 공동체 전체의 유익에 찬물을 끼얹은 결과를 가져 온다는 것을 우리가 명심해야 합니다. 반대로 적극적으로 선을 행하는 일, 사람을 살리는 전도와 연약한 자들을 돌보는 일을 하는 것은 주일을 온전하게 지키는 것이 되고 공동체에 활력을 불러일으키고 자신에게도 큰 은혜가 됩니다.

손을 회복시키신 예수님

예수님의 질문에 유대인들은 침묵하게 되었고 예수님은 그들의 완악함 때문에 그들을 둘러보신 후에, 그 사람에게 "손을 내밀라"고 하시니 그대로 내미는 순간 그 손이 깨끗하게 회복되었습니다.

사람들의 안식일 규정과 아무런 상관없이 우리 주님은 그 환자의 불편함을 아시고 고쳐 주신 것입니다. 바로 우리 주님께서는 안식일(Sabbath)의 주인이 되심을 친히 기적을 통해서 증거해 주신 것입니다. 사람들의 비난과 정죄와 관계없이 주님은 원하시면 우리의 질병을 고칠 수 있습니다. 우리 주님은 모든 병을 고칠 수 있는 대(大)의사이십니다. 그 어떤 불치의 질병도 마음만 먹으면 고칠 수 있습니다. 감기부터 암까지 못 고칠 질병이 없으십니다. 믿고 나아가는 자, 순종하며 행할 때 깨끗하게 하십니다. 예수님께서는 우리를 새로운 은혜의 세계로 들어오도록 회복시키시는 하나님이십니다. 그 분을 과소평가하면 새로운 회복의 은혜를 누리지 못합니다. 영육간에 오그라진, 말라비틀어진 것도 예수님의 말씀에 순종하면 회복되는 줄 믿습니다.

그리고 손은 너무나 중요한 신체의 한 부분입니다. 손을 못 쓰면 여러 가지로 불편함이 많습니다. 손의 역할이 너무 많기 때문입니다. 손은 특별히 하나님께서 우리에게 섬기도록 주셨습니다. 손을 잘못된 것에 사용할 때 한편 손 마른 사람과 같은 처지에 놓이게 됩니다. 육신적으로 멀쩡한 손을 가지고 잘못된 것에 사용하면 그 손은 병든 손입니다. 창조의 손, 섬김의 손, 따뜻하게 하는 손, 위로의 손, 정말 적극적으로 사용하도록 한 손이 어쩌다가 말라서 사용하지 못하고 있을 때 우리 주님은 그 손을 회복시켜 하나님의 나라에 유용하도록 하시는 것입니다. 오늘 그리스도인들 중에는 손의 장애를 가진 분들이 많습니다. 자신의 손을 가지고 가정과 교회 그리고 사회와 직장에서 다른 사람에게 유익을 주지 못하고 가만히 묵혀두는 것은 마치 손 마른 자와 같습니다. 다른 사람에게 섬김 받기를 원하고 전혀 섬기지 않는 분들이 있습니다. 손은 엄청난 일을 할 수 있는 지체임에도 불구하고 손 까딱하지 않고 있는 사람들이 있습니다. 기도를 받기만 하고 두 손을 모아 한 번도 기도하지 않는 병든 손을 가진 장애인들이 있습니다. 두 손을 잘 활용하면 많은 것을 생산하는 도구와 방편이 됩니다. 외로운 사람 손 한번 잡아 주는 것도 위로와 희망의 에너지를 만들어 냅니다. 우리 주님께서는 오늘날도 병든 손을 고쳐 새로운 일을 하기를 원하십니다. 그래서 지금도 마른 손을 내 밀라고 말씀하십니다.

찬472장 2절에, **기도하는 손 내밀고 믿음의 손 내 밀어라 순종의 손 내 밀어서 주님의 손 불잡아라.**

순종하며 나아갈 때 회복된 손으로 하나님의 나라 확장에 크게 쓰임 받게 될 것입니다.

비록 한 손이 말라 사용할 수 없었지만 마음과 영으로 하나님을 예배하는 일에 충실한 한 장애인의 변함없는 신앙생활을 우리는 본받아 주일을 잘 지키는 믿음의 삶을 살아야 할 것입니다. 육신의 장애보다 더 무서운 것은 영혼의 장애입니다. 우리 주님은 우리의 연약함을 강하게 하셔서 그 분이 하시고자 하는 목적에 쓰임 받도록 하시는 것입니다. 단점과 연약함 그리고 장애를 통해서 하나님께서 영광을 받으시기를 원하시는 것입니다. 우리의 허약한 손, 게으른 손을 회복시켜 선한 일에 도구가 되게 해 주신 주님을 생각하면서 우리의 두 손으로 할 수 있는 모든 영역에서 하나님 나라 건설과 이웃 사람들을 섬기는 일에 최선을 다하는 주의 백성들이 되어야 할 것입니다.

Chapter 17

큰 무리, 큰 일

(A large crowd, the great doing)

마가복음 3:7-12

예수께서 제자들과 함께 바다로 물러가시니 갈릴리에서 큰 무리가 따르며 유대와 예루살렘과 이두매와 요단 강 건너편과 또 두로와 시돈 근처에서 많은 무리가 그가 하신 큰 일을 듣고 나아오는지라 예수께서 무리가 에워싸 미는 것을 피하기 위하여 작은 배를 대기하도록 제자들에게 명하셨으니 이는 많은 사람을 고치셨으므로 병으로 고생하는 자들이 예수를 만지고자 하여 몰려왔음이더라 더러운 귀신들도 어느 때든지 예수를 보면 그 앞에 엎드려 부르짖어 이르되 당신은 하나님의 아들이니이다 하니 예수께서 자기를 나타내지 말라고 많이 경고하시니라

우리가 흔히 예수님의 공생애 속에 하신 주된 일상적인 사역을 세 가지로 요약을 하는데 먼저는 일반 대중들에게 복음을 전하는 일(preaching)이었고, 다른 하나는 병을 치료하고 귀신을 내어 쫓는 치유사역(Healing)이었고, 마지막은 제자들과 가까이 있는 사람들을 교육하고 가르치는 훈련(training)이었습니다. 이 세 가지 예수님의 핵심사역은 메시야를 기다리고 있었던 유대인의 바람과는 사뭇 다른 사역이었습니다. 그들의 메시야에 대한 꿈은 악의 세력

을 심판하고 눈에 보이는 가시적인 하나님의 나라를 세우는 것이었습니다. 메시야는 막강한 정치적인 파워를 가지고 로마를 정복하고 그들의 압제로부터 해방시켜 새로운 왕국을 건설하여 통치하는 것이었습니다. 그러나 예수님은 악을 심판하시는 것을 서두르지 않으셨습니다. 좁은 팔레스틴 지역의 유다 왕국을 회복시키는 것으로 만족하지 않으시고 시간을 두고 온 열방이 복음을 통해 사탄의 권세에서 벗어나 하나님의 나라가 되기를 원하셨던 것입니다. 그래서 사람들의 마음을 바꾸는 일에 집중했고, 복음으로 하나님의 나라를 넓혀 가셨던 것입니다.

오늘 우리가 하나님을 섬기고 주님을 믿는 목적과 예수님께서 기대하시고 하시기를 원하시는 것과 엇박자가 나고 있지 않은지를 점검해 보아야 합니다. 주님은 우리가 예수 믿음으로 부자가 되고, 건강하고 세상에서 출세하는 것만을 원하시는 것이 아니라 우리의 삶을 통해 복음이 모든 영혼 속에 전해져서 온 영역이 하나님의 나라가 이루어지기를 바라는 것입니다. 우리가 주기도문으로 기도할 때 우선적으로 간구하는 것이 "하늘에 계신 우리 아버지여 이름이 거룩히 여김을 받으시오며 나라가 임하옵시며 뜻이 하늘에서 이루어진 것 같이 땅에서도 이루어지이다"라는 것입니다. 다른 일상의 필요를 구하기 전에 하나님의 나라가 이루어지는 것이 우리의 바람이요 궁극적인 소망이기 때문입니다. 우리 주님께서도 "너희는 먼저 그의 나라와 그의 구하라"(마6:6)고 권면하고 계십니다. 자신이 그렇게 실천하면서 천국민들에게도 동일하게 요구하시는 것입니다.

예수님을 따르는 큰 무리

예수님 주위에는 그를 따르는 사람들이 많았습니다. 오늘 본문 7절에 "큰 무리가 따르며"라고 기록하고 있습니다. 많은 무리가 예수님을 따랐지만 그는 정치인들과 같이 추종자들을 규합하여 자신이 권력을 잡거나 정치적 야망을 성취하는데 이용하지 않았습니다. 그럼에도 불구하고 사람들이 그를 따랐던 이유는 바로 오직 성경말씀을 가지고 복음을 전하며 사람들에게 희망과 삶의 용기를 불어넣었기 때문이었습니다. 정치하는 사람들이나 비즈니스하는 CEO를 따르는 사람들은 자기에게 유익이 없으면 하루아침에 배신하고 떠나가지만 참된 진리를 가르치며 영적인 갈증을 채워주는 주님에게는 늘 많은 사람들이 계속해서 따랐던 것입니다. 오늘 성경 본문은 갈릴리 사람들이 가장 많았든 것 같고, 예루살렘에서 온 사람들도 있었고, 이두매 즉 에돔에서 온 사람들도 있었습니다. 심지어 베뢰아라고 불리는 요단강 건너편 이방 지역에서 온 사람들도 있었고 시돈과 두로 땅에서 온 사람들도 있었습니다. 예수님에 관한 소문이 여기저기 퍼졌기 때문에 사람들이 사방에서 몰려들었던 것입니다. 갈릴리 지방은 이스라엘 북쪽 농어촌지역이어서 지식적인 수준이 좀 낮은 편이었고, 예루살렘은 이스라엘 수도로 문화를 누리며 유식하고 유명한 사람들이 많았습니다. 이방지역에 있는 사람들도 예수님을 찾아 온 것을 보면 예수님의 말씀을 들을 때에, 빈부귀천 유,무식을 떠나서 누구든지 하나님의 나라에 들어 올 수 있다는 것을 시사해 주고 있습니다.

예수님의 가르침은 누구든지 듣고 새로운 삶을 살 수 있도록 하는 하늘의 메시지였습니다. 어떤 특별한 계층이나 지역 사람들이 들어야 할 말씀이 아니라 모든 사람들이 들어야 할 하나님의 메시지였습니다. 그렇기 때문에 많은 사람들이 주님을 따랐습니다. 입소문에 의해서 많은 사람들이 예수님을 만나기 위해, 여러 가지 목적과 필요를 가지고 그 분께 나왔던 것입니다. 오늘 교회는 여러 계층의 사람들이 주님께 나와서 그들의 영적, 육적인 필요를 채워야 합니다. 그리스도만이 참 평안과 필요를 채우실 수 있습니다. 믿음이 적은 사람들은 교회에 나아서 예수님의 말씀을 듣는 것을 낭비라고 생각하는 경우가 많습니다. 그러나 어떤 필요든지 그것을 만족시킬 수 있는 분은 예수 그리스도 외에는 아무도 없습니다.

학교에 가면 학문적 욕구를 채울 수 있고, 큰 쇼핑몰에 가면 내가 사고 싶은 물건을 살 수 있고, 공연장에 가면 내가 보고 싶은 공연을 볼 수 있지만 우리의 전체적인 욕구를 채워주는 것은 아닙니다. 그러나 우리 주님은 모든 욕구를 충족시켜 줄 수 있는 분입니다. 병든 자들에게는 치유함을, 배고픈 사람들에게는 먹을 양식을, 소외된 자들은 위로와 교제를, 직업이 없는 사람들은 좋은 직업을, 불안해하는 사람들에게 마음에 안정과 평화를 주시고, 실망하여 낙담

중에 있는 자들에게는 희망을 주십니다.

그러므로 우리가 주님을 따르는 것은 가치 있는 일이고 당연한 것이며 큰 특권이 아닐 수 없습니다. 교회가 다양한 사람들이 모여 큰 부흥을 이루는 것은 너무나 자연스러운 것입니다.

찬송 560장을 보면

1. 주의 발자취를 따름이 어찌 즐거운 일 아닌가
   맘에 맑은 하늘 열리고 밝은 빛이 비친다.
2. 주의 발자취를 따름이 어찌 행복한 일 아닌가
   맘에 악한 생각 사라져 밝은 마음 싹튼다.
3. 주의 발자취를 따름이 어찌 든든한 일 아닌가
   맘에 두려움은 사라져 새로운 힘 솟는다.

(후렴) 발자취를 따라 가자 기쁜 마음으로 발자취를 따라 가자
   찬송하며 즐겁게.

주님을 따르는 일은 즐거운 일이요, 행복한 일이요 그리고 든든한 일입니다. 그리스도의 삶과 사역을 본받아 사는 믿음의 사람들이 되시기를 주의 이름으로 축복합니다.

큰 일을 행하신 예수님

예수님은 위대한 일, 일반 랍비나 지도자들이 하지 않는 큰일을

행하시므로 많은 사람들이 그의 평판을 듣고 예수님께 나아왔습니다. 예수님은 그들에게 천국 복음을 전하시고 새로운 진리를 말씀하신 것입니다. 예수님의 위대한 사역 중에 가장 중심적인 것은 하나님의 말씀을 바르게 청중들에게 전하는 것이었습니다. 사람들은 하나님의 말씀을 들어야 합니다. 말씀은 사람들이 바르고 쉽게 살아갈 수 있는 매뉴얼이기 때문입니다. 언젠가 CTS에서 방영하는 '내가 매일 기쁘게' 라는 프로그램을 보니까 미국 테이코 우주 개발사 대표로 활동하는 정재훈 박사 부부를 초청하여 대담하는 것을 볼 수 있었습니다. 정재훈 박사는 30여 년 전에 미국에 빈손으로 가서 우주선 발사에 필요한 부품을 생산하는 일에 큰일을 이루신 훌륭한 장로님이셨는데 그의 간증의 핵심은 바로 새벽에 기도하는 것으로 하나님의 지혜를 얻어 성공하게 되었다는 것이었고, 부인 권사님은 어려운 미국 생활 속에서 말씀을 귀하게 여기고 말씀대로 사니 너무 쉬웠다는 것입니다. 말씀은 인생을 인생답게 하는 안내책자입니다. 모든 제품에 매뉴얼이 있어 그대로 따라 하면 쉬운 것처럼 하나님께서 우리 인간들이 이 땅에 쉽게 살아갈 수 있도록 주신 것이 성경이라는 것입니다.

주님이 행하신 큰일은 병 고치는 치유의 사역, 귀신을 내어 쫓는 일 등 많은 것이 있었지만 그 중에 가장 큰 일은 하나님께서 이스라엘 백성들에게 주신 하나님의 말씀의 진의를 백성들에게 가르쳐 위로 하나님을 사랑하고 옆으로 이웃을 내 몸과 같이 사랑하도록 하신 것입니다. 말씀만이 인생을 살찌게 하고 바른 길로 나아가도록 하는 것임을 주님을 잘 알고 계셨기 때문에 시간이 주어질 때마다 구약에 있는 사건이나 말씀을 인용해 가면서 참 진리와 도를 가르치신 것입니다. 가정생활에서도 말씀의 원리를 따라 가족들이 살면 각자가 하나님을 사랑하며 잘 섬기게 되고(인생의 본분), 가족끼리 나아가 이웃을 잘 섬기며 사랑하는 건강한 가정구성원과 시민이 되는 것입니다. 말씀이 지배하지 않는 개인과 가정은 건강한 삶을 살 수 없습니다.

우리는 흔히 위대하고 큰일이라고 하면 병을 고치는 것이거나 외형적인 큰 건물을 짓는 것으로 생각하기 쉬운데 주님은 말씀을 듣고 순종함으로 새 생명을 구원하는 것이 가장 큰 일임을 말씀하시고 그것을 위해서 일생을 드렸습니다. 사순절이 시작되어 십자가를 지신 것도 결국 하나님께서 구약에 드러내신 참 계시인 자신을 통해서 온 인류에게 생명을 주기 위한 것이었습니다. 예수님께서 많은 무리들에게 가르치신 것은 인생 철학이 아니라 어떻게 하면 새 생명 얻은 자로 살 수 있을 것인가에 대한 근본적인 진리였습니다. 생명 운동은 곧 말씀 운동이었습니다. 그러므로 우리는 다른 것을 추구하는 것보다 정재훈 장로님의 부인 권사님처럼 성경말씀을 우리의 인생살이의 최고의 메뉴얼로 알고 말씀을 사랑하면서 말씀 듣고 배우고 순종하는 일에 올인할 수 있기를 주의 이름으로 축원합니다.

하나님의 아들이신 예수님

많은 군중 속에는 여러 가지 필요를 안고 주님께 나온 분들이 있었습니다. 허기에 찬 굶주린 군중도 있었고, 노무자들과 같이 할일 없이 무엇인가 일자리라도 하나 얻기 위해서 온 사람들도 있었고, 특히 예수님의 병고침에 대한 소문을 듣고 병자들을 데리고 온 군중들도 많았습니다. 그 중에 더러운 귀신 들린 사람들도 상당수 있었습니다. 그들은 예수님께 나와서 엎드려 부르짖기를 "당신은 하나님의 아들입니다."라고 고백했습니다. 귀신들은 예수님의 정체를 잘 알고 있었습니다. 그 당시 종교 지도자들인 바리새인들, 사두개인들, 제사장들, 서기관들, 그리고 장로들은 영적 소경이 되어 예수님의 정체성을 잘 알지 못했지만 오히려 귀신들은 예수님을 하나님의 아들로 인정하고 있습니다. 물론 그들이 예수님을 그렇게 고백하고 인정한다고 해서 믿는 것은 아니었지만 그래도 예수님이 어떤 분인가는 알고 있었습니다. 모르면서 믿는 것도 잘못된 것이고, 알면서도 믿지 아니하는 것은 더 잘못된 것입니다. 바르게 알고 믿는 것이 얼마나 큰 축복인가를 다시 한 번 확인하게 됩니다. 그래서 성경은 **"우리가 아는 것과 믿는 것에 하나가 되어 그리스도의 장성한 분량에까지 자라가라"**고 권면하고 있습니다(엡4:13).

우리는 예수님을 바르게 알고 고백하면서 믿어야 합니다. 베드로의 고백처럼, 도마의 고백처럼, **"주는 그리스도시요, 살아계신 하나님의 아들이니이다**(마 16:16)" **"나의 주시요, 나의 하나님이시니이다**(요

20:28)" 바른 고백은 우리의 바른 신앙과 삶에 근간이 되고 토대가 됩니다. 바른 신앙적인 토대를 세우지 못한 사람은 그 삶과 신앙이 모래위에 지은 집과 같이 쓰나미가 오면 그냥 무너지고 마는 것입니다. 이단의 쓰나미가 오고 삶의 고통이 올 때 넘어지지 않고 굳건하게 서 있을 수 있는 힘이 바로 바른 신앙고백 위에 선 신앙입니다. 반석 위에 세운 집과 같이 튼튼한 신앙을 가지기 위해서는 건전한 교회에 속해 있어야 하고 기독교 역사 속에 검증된 신앙고백서를 배우고 익힐 필요성이 있습니다. 그것이 바로 우리가 공부하고 외우는 웨스트민스터 신앙고백서와 하이델베르크 신앙 고백서 같은 것입니다. 그리고 이상한 것을 가르치며 무료로 성경을 공부한다는 그룹에 함부로 참석해서는 안 됩니다. 신유와 은사체험을 한다고 하면서 영혼을 도적질해 가는 무리들이 즐비합니다. 교회라고 해서 다 건강한 교회가 아닙니다. 항상 조심해야 합니다.

12절에서 예수님은 자기를 많은 사람들에게 말하지 못하도록 금하셨습니다. 더 많이 알리기를 바라는 사람들의 속성과는 너무나 거리가 있습니다. 예수님께서 자신이 하신 일을 증거하는 것까지도 절제하도록 하신 겸손함과 사태 파악을 정확히 하고 계셨던 부분을 우리가 보게 됩니다. 아직 드러나야 할 시점도 아닌데 자신을 과도하게 드러냄으로써 하나님 나라 전파에 방해를 받을 수도 있을 것이라는 염려 때문에 자신이 하고자 하는 바 목적에 충실하기 위해서 그를 드러내는 것을 경계하고 계시는 것입니다. 주님께서는 타이밍과 분위기를 중요하게 여기셨고, 숨을 때는 숨고 알릴 때는 알리는 일을 적절하게 하심으로 좋은 처세술을 보여 주셨습니다. 간혹 전도하는 일도 무리하게 함으로써 역효과가 나는 것을 볼 수 있습니다. 얼마 전에 어느 찬양인도자학교 대학생과 직장인 5명으로 구성된 팀이 그 학교 수업의 일환으로 불교 조계종 사찰인 서울 삼성동 봉은사에서 '땅밟기 기도'를 한 사건을 알고 있을 것입니다. 이 일로 한국 사회에 종교 갈등이 확산되었고 기독교 안티들에게 한국교회에 대해서 기름을 퍼 붓는 꼴이 되고 말았습니다. 아무리 좋은 의도로 행해지는 종교적인 의식도 적재적소, 적기에 이루어질 때에만이 아름다운 것입니다. 웅변과 침묵이 균형을 이룰 때 주의 나라는 더 효과적으로 퍼져가게 되는 것입니다. 자동차도 빠른 속도로만 달려가면 반드시 사고가 날 수 밖에 없기 때문에 적절하게 속도를 조절하는 브레이크가 있듯이 우리가 복음을 전하는 일에 있어서도 참 지혜가 필요하고 상황파악이 중요합니다.

우리 주님께서는 인기몰이를 하시는 분이 아닙니다. 사람을 사랑하고 하나님의 복음을 통해서 천천히 그의 평화로운 나라를 세워가시기를 원하셨습니다. 그 중심과 목적은 지금도 변함이 없습니다. 그분의 의도와 목적을 이해하는 분들은 예수님을 깊이 따랐습니다. 어떤 형편에서든지 흔들림이 없었고 하나님 나라를 위해서 자신을 헌신하는 자리에까지 나아갔습니다. 말씀을 듣고 그 목적을 붙잡는 사람은 예수님의 사람이 되고 백성이 됩니다. 하나님의 사람들은 진실된 마음으로 예수님을 하나님의 아들로 고백하며 그를 믿고 따르게 되어 있습니다. 그러므로 가정과 교회는 주님께서 이 땅에서 행하신 일들을 본받아 행할 때 진정한 행복의 공동체가 될 수 있을 것입니다.

Chapter 18

제자 공동체(1)
(The community of disciples)

마가복음 3:13-19

또 산에 오르사 자기가 원하는 자들을 부르시니 나아온지라 이에 열둘을 세우셨으니 이는 자기와 함께 있게 하시고 또 보내사 전도도 하며 귀신을 내쫓는 권능도 가지게 하려 하심이러라 이 열둘을 세우셨으니 시몬에게는 베드로란 이름을 더하셨고 또 세베대의 아들 야고보와 야고보의 형제 요한이니 이 둘에게는 보아너게 곧 우레의 아들이란 이름을 더하셨으며 또 안드레와 빌립과 바돌로매와 마태와 도마와 알패오의 아들 야고보와 및 다대오와 가나나인 시몬이며 또 가룟 유다니 이는 예수를 판 자더라

교회 안에는 네 종류의 사람이 있다고 합니다. 교회만 출입하는 교인이 있고, 하나님과 그리스도를 믿는 신자가 있고, 하나님을 믿고 교회에 다니면서 사회에서 구별된 삶을 사는 성도가 있고, 진정으로 예수를 닮아 하나님의 나라와 복음을 위해 헌신하는 제자가 있다는 것입니다. 여러분은 교인, 신자, 성도, 제자 중 어떤 명칭이 어울립니까? 주님께서 원하시는 사람은 어떤 부류일까요?

우리 주님이 원하시는 것은 참된 제자입니다. 예수님께서 세상에 계시는 동안 복음 전하는 일, 가르치는 일, 고치는 일에 전념하셨지만 그러한 모든 일의 실제 목적은 훌륭한 제자를 만드는 사역이었습니다. 왜냐하면 제자들이 예수님의 사역을 이어갈 것이기 때문에 주님께서는 그렇게 하신 것입니다.

그렇다면 예수님께서 제자들을 세우실 때 어떤 기준과 목적을 가지고 제자 공동체를 형성하셨는지를, 오늘 우리 교회가 제자공동체가 되기 위해서 어떤 철학과 방법을 가지고 사역해야 할 것인가를 함께 생각해 보기를 원합니다.

주님이 원하는 자

예수님은 **"자신이 원하는 자"**를 제자로 불러 주셨다고 오늘 본문이 말씀하고 있습니다(13). 이것은 구약과 신약에 나타나는 선택의 원리와 일치합니다. 인류 구원에 있어서 가장 큰 핵심교리는 하나님께서 하나님의 자녀들을 만세 전에 택하셨다는 것입니다. '택함'의 문제는 기독교 역사 속에 많은 논쟁이 있었지만 최종적인 결론은 성경을 통해서 하나님의 예정과 선택을 통해서 하나님의 자녀가 된다는 명백한 진리입니다. 칼빈(Calvin)은 우리가 하나님의 예정의 교리를 알기 전에는 영원한 선택이 하나님께서 "값없이 베푸시는 자비의 샘"에서 나오는 것을 알지 못한다고 했습니다. 이 진리를 알 때 값없는 선택에 따라서 구원을 받았다는 것을 깨닫고 하나님께 영광을 돌리게 됩니다. 선택의 은혜는 행위의 공로와는 무관합니다. "그런즉 이와 같이 지금도 은혜로 택하심을 따라 남은 자가 있느니라. 만일 은혜로 된 것이면 행위로 말미암지 않음이니 그렇지 않으면 은혜가 은혜 되지 못하느니라"(롬 11:5-6) 선택의 은혜는 하나님께서 빚을 지셨기 때문에 치르시는 값이 아니라 전적으로 당신의 영원한 언약으로 인한 결과입니다.

하나님께서는 이스라엘과 그 후손을 "오직 거저 베푸시는 사랑으로" 말미암아 택하셨습니다(신 4:37; 7:6-8; 10:4-5; 23:5; 시 47:4). 선택은 하나님께서 거저 베푸시는 선물입니다. 그러므로 이러한 은혜를 사람의 가치나 행위의 공로들로부터 찾는 것은 무모합니다. 이러한 은혜는 거저 베푸시는 언약의 원리로부터만 흘러나옵니다. "여호와가 우리의 하나님이신 줄 너희는 알지어다 그는 우리를 지으신 이요 우리는 그의 것이니 그의 백성이요 그의 기르시는 양이로다"(시 100:3)

선택의 이유는 하나님의 기뻐하시는 뜻 외에 다른 곳에서 찾을 수 없습니다. 하나님께서 아브라함의 언약을 기억하시고 야곱의 후손을 자신의 기업으로 빼셨기 때문에 그들에게는 복이 있습니다(시 33:2; 105:6, 42). "그들이 자기 칼로 땅을 얻어 차지함이 아니요 그들의 팔이 그들을 구원함도 아니라 오직 주의 오른손과 주의 팔과 주의 얼굴의 빛으로 하셨으니 주께서 그들을 기뻐하신 까닭이니이다"(시 44:3) "오직 주께서 긍휼히 여기사 택한 백성이 주의 뜰에 거하게 되니"(사 14:1; 시

65:4) 그 은혜의 비밀이 하나님의 뜻에만 있습니다.

역사상 나타난 하나님의 선택은 제한적이었고 그 분의 선택은 어떤 법에도 구속되지 아니하고 자유롭습니다. 선택의 은혜는 값없이 주어지므로 동등하게 분배되지 않습니다. 하나님께서는 한 민족을 사랑하셔서 다른 민족들보다 특별한 은혜를 베푸십니다. 그리고 한때 전체로 택함 받는 민족들 가운데서도 또 어떤 사람은 남겨 두시고 어떤 사람은 버리십니다. 하나님께서 야곱은 사랑하셨고 에서는 미워하셨습니다(말 1:2-3; 롬 9:13). 모두 이삭의 아들들로서 언약의 후손들이지만 은혜의 놀라운 비밀에 따라서 야곱만이 택함을 받았습니다. 이러한 변화에는 하나님의 더욱 특별한 은혜가 나타납니다. 하나님의 은혜 외에는 그 어떤 설명도 할 수 없습니다.

하나님의 부르심에는 후회하심이 없습니다(롬 11:29). 이스라엘 자손을 뽑았지만 그 중에서도 "남은 자들"에게만(롬 9:27; 11:5; 사 10:22-23) 중생의 영을 부어주신 것은 구원이 혈육에 따르지 않고 언약을 좇아 그 분의 자비에서 난다는 것을 보여주는 역사적인 증례입니다. 아브라함의 후손이 다 구원 받을 것이 아니라 오직 "이삭과 같이 약속의 자녀"만이(갈 4:28) 하나님 나라의 기업이 됩니다. 유대인들은 혈육으로 선민은 다 구원 받을 수 있다고 주장하지만 성경은 그렇게 말하고 있지 않습니다. 또한 이방인도 이스라엘의 수(數)에 들게 되니(신 32:9; 왕상 8:51; 시 28:9; 33:12), 이는 선택의 은혜가

지체들의 머리이신 그리스도에게 접붙임 받을 영적인 후손들에게만 있음을 구약 시대에 미리 그림자로 보여 주신 것입니다.

이렇게 하나님의 구원에도 선택을 통하여 은혜의 자리에 드는 것과 같이 신약 시대에 와서 그리스도를 통한 제자가 되고 사도가 되는 것도 전적으로 그리스도의 원함에 의한 것임을 오늘 본문이 우리에게 보여 주고 있습니다. 주님의 제자들은 주님의 선택을 받아 부르심을 받음으로 인하여 공동체를 형성하게 되었습니다. 예수님께서는 '자기가 원하는 사람'들을 주관적인 동기에 의해서 능동적으로 선택하신 것입니다. 제자가 될 만한 조건이나 그들의 요구에 의해서 제자로 부르신 것이 아니라 전적으로 예수님의 마음으로부터 나온 것입니다. 주님은 사람을 부르실 때 누구와 의논하거나 다른 사람들의 영향을 받지 아니하십니다. 제자들의 선택은 전적으로 주님의 주권으로 하신 것입니다. 예를 들면 이스라엘 왕을 선택할 때 이새의 집, 여덟 아들 중에 엘리압이나 아비나답이나 삼마 그리고 그 외의 아들들을 선택하지 않고 들에서 양을 치는 다윗을 불러 왕 삼으신 것과 맥을 같이 합니다. 사무엘과 이새는 용모가 준수하고 외모가 빼어난 장자를 세우려고 했으나 하나님은 중심을 보시기 때문에 용모와 키 그리고 외모를 보지 말 것을 주문하시고 하나님께서 원하시는 다윗을 선택하여 기름을 부으심으로 이스라엘의 왕이 되게 하신 것입니다(삼상 16: 6-13). 하나님의 중심은 하나님의 의도를 의미하는 것이고 그 분의 주권을 주장하신 것입니다.

오늘 우리를 주님의 교회의 직분자로 부르시고, 제자로 부르시는 것도 동일합니다. 영원한 계획 가운데 우리를 선택하여 불러 귀한 직분을 맡기시고 제자의 삶을 살도록 하신 것입니다. 외부적인 조건이나 형편을 고려해서 선택하시는 것이 아니라 주님의 의도에 의해서 전적으로 결정되는 것입니다. 우리가 주님의 사람이 되기로 결정한 것이 아닌 이상 우리를 부르신 주님이 모든 면에 있어서 책임을 져 주십니다. 예수님은 제자들을 향하여 요15:16절에 **"너희가 나를 택한 것이 아니요 내가 너희를 택하여 세웠나니 이는 너희로 가서 과실을 맺게 하고 또 너희 과실이 항상 있게 하여 내 이름으로 아버지께 무엇을 구하든지 다 받게 하려 함이니라"**고 하시면서 그의 선택하심을 통해서 책임을 제자들에게 전가하시지 않으시고 자신이 다 책임을 지시겠다고 말씀하고 계시는 것입니다. 오늘 우리는 이 원리로 은혜를 모르기 때문에 어려움이 오고 부담이 되면 자신의 직분을 쉽게 내려 놓습니다. 주님께서 우리를 당신의 제자로 직분자로 선택하시고 세워주신 것은 우리로 하여금 충분히 그 책임을 완수 할 수 있도록 만들어 가시기 위해서 입니다. 그의 부르심과 선택에 대해서 감사하는 여러분들이 되시기를 주의 이름으로 바랍니다.

한 사람의 중요성

예수님께서는 제자들을 부르실 때 한꺼번에 여러 명을 같이 부르시지 않으시고 한 사람씩 불러 주셨습니다. 그것은 한 사람의 중요성을 인식시키고 한 사람이 너무나 위대하고 소중하다는 것을 깨닫게 하기 위해서입니다. 주님께서 한 사람씩 불러 주심으로 제자들이 한 사람이 얼마나 소중한 것인가를 알고 한 생명을 천하보다 귀하게 여기도록 하신 것입니다. 우리는 큰 것과 많은 것이 좋다는 인식을 가지고 있기 때문에 큰 것을 선호하는 경향이 없지 않습니다. 큰 것이 좋을 경우도 있습니다만 큰 것 모두가 다 좋은 것만은 아닙니다. 많이 모인다고 해서 다 좋은 것도 아니고 적게 모여도 한 사람이라도 더 소중하고 귀할 때가 있습니다. 투표를 해 보면 한 사람이 모자라 떨어지기도 하고 한 사람 때문에 당선되는 경우도 있습니다. 한 사람을 소중이 여기는 사람은 한 사람 때문에 생명을 걸 수 있습니다. 예수님께서는 제자들을 한 사람씩 부르심으로 진리를 체험하게 하신 것입니다. 주님은 한 알의 밀의 비밀을 말씀 하시면서 요12:24절에 **"내가 진실로 진실로 너희에게 이르노니 한 알의 밀이 땅에 떨어져 죽지 아니하면 한 알 그대로 있고 죽으면 많은 열매를 맺느니라"** 고 하시면서 한 알의 밀알처럼 예수님 자신이 죽음으로 많은 생명을 구원할 것을 예시하신 것입니다. 예수님은 온 인류를 마음에 품고 사셨지만, 한 번에 한 사람만을 만나고 사랑하셨습니다. 단 몇 초라도 그분의 눈빛을 마주한 사람은 그분의 힘에 사로잡혔습니다. 그분의 눈빛은 "나에게는 지금 당신 밖에 없습니다" 라고 말하는 듯 했을 것입니다. 그렇게 한 사람 한 사람을 만나고 사랑하여 그의 제자 삼으시고 인류를 위한 구원의 역사에 동참시켰던 것입니다. 인류 구원이 한 사람의 영혼 구원에서부터 시작된다는 것을 예수님은 너무나 잘 알고 계셨기에 제자들도 한 사람씩 부르신 것입니다. 예수님의 방법은 더 거슬러 올라가면 성부 하나님의 방법이었습니다. 어거스틴이 그런 말을 한 적이 있습니다. **"하나님은 나를 사랑하시되, 이 세상에 사랑할 사람이 나 하나밖에 없는 것처럼 사랑하신다."** 한 사람 밖에 없는 것처럼 한 사람에게 집중하셨습니다. 캘커타에서 버려진 사람들을 돌보는 일에 평생을 보낸 테레사 수녀도 1960년에 인도에서 "사랑의 선교회"를 조직해서 처음 혼자서 일을 시작했습니다. 일을 시작하다 보니 도움을 받는 이들이 두 사람이 되고, 세 사람이 되고, 열 사람이 되고, 백 명이 되고. 천 명이 되고, 수십 만 명이 되었습니다. 학교를 세워 가르칠 때도 몇 명의 아이들을 모아서 시작했는데 학생들이 점점 불어나 97개 학교로 늘어났고, 학생수도 1만 4천 명으로 불어 났습니다. 굶주린 사람 한 사람 도와주려고 했는데 매일 12만 6천명을 급식하게 되었고, 본래는 한 사람 치료해 주려고 했는데 18만 6천 명의 나환자들이 치료를 받았습니다. 그는 사랑하는 방법에 대해 남긴 말이 있습니다. "우리는 한 번에 한 사람씩 사랑합니다(We love one person at a time)." 테레사 수녀가 돌보아야 하는 사람들은 헤아릴 수 없이 많았습니다만, 그녀는 군중 속에서 허둥대지 않았습니다. 언제나 자신 앞에 있는 한 사람에게 집중했습니다. 그렇게 하여 그분은 수많은 사람을 섬기다 가셨습니다. 그의 시는 한 사람에 대한 그녀의 마음을 그려주고 있습니다.

한 번에 한 사람 난 결코 대중을 구원하려고 하지 않는다. 난 다만 한 개인을 바라볼 뿐이다. 난 한 번에 단지 한 사람만을 사랑할 수 있다. 한 번에 단지 한 사람만을 껴안을 수 있다. 단지 한 사람, 한 사람, 한 사람씩만…… 따라서 당신도 시작하고 나도 시작하는 것이다. 난 한 사람을 붙잡는다. 만일 내가 한 사람을 붙잡지 않았다면 난 4만 2천 명을 붙잡지 못했을 것이다. 모든 노력은 단지 바다에 붓는 한 방울 물과 같다. 하지만 만일 내가 그 한 방울의 물을 붓지 않았다면 바다는 그 한 방울만큼 줄어들 것이다. 당신에게도 마찬가지다. 당신의 가족에게도. 당신이 다니는 교회에서도 마찬가지다. 단지 시작하는 것이다. 한 번에 한 사람씩.

우리 주님께서는 비유 속에서 한사람의 중요성을 말씀하고 계십니다. "**죄인 하나가 회개하면 하늘에서는 회개할 것 없는 의인 아흔 아홉을 인하여 기뻐하는 것보다 더하리라**"(눅 15:7) 라고 말씀하고 있습니다. 주님께서 이 말씀을 하신 이유는 "한 영혼이 천하 보다 귀하다" 라는 말씀을 하시고자 하신 것입니다. 이것은 한 사람을 귀하게 여기시는 하나님의 마음과 예수님의 십자가의 사역을 비유적으로 말씀하신 것입니다. 교회는 그리스도께서 한 사람을 위해서 목숨을 버리심으로 뭉쳐진 공동체입니다. 한 사람이 너무나 귀하고 소중한 것입니다. 나 한 사람의 중요성을 깨닫게 될 때 주님 앞에서 존귀한 자로 살게 되고, 자긍심을 가지고 다른 한 사람을 소중하게 여기며 아름다운 공동체를 이루어 가게 될 것입니다.

소수의 정예화

14절에 주님께서 선택한 제자의 수가 12명이라고 기록하고 있습니다. 예수님 주위에는 수많은 군중들이 따라 다녔습니다만 그들을 다 제자로 부르지 않았습니다. 그 많은 군중 중에 12명, 더 나아가 70명만 골라 뽑으신 의도가 무엇인가를 우리는 알아야 합니다. 그들을 거느릴 능력이 없었기 때문이거나 함께 거처할 숙소가 없어서도 아니고, 경제적인 능력이 부족해서도 아니었습니다. 예수님의 대부분의 3년 동안의 공생애는 사람을 훈련시키고 키우는 일에 집중하신 것을 볼 수 있습니다. 사람들은 양과 숫자에 관심이 많습니다. 가시적이고 외형적인 성과에 민감합니다. 예를 들면 아파트 평수도 커야 성공한 듯하고 월급도 많이 받아야 성공한 사람이라고 하고 높은 자리에 올라야 성공했다고 생각합니다.

그러나 예수님은 일보다는 사람, 양보다는 질, 다수보다는 소수가 더 중요하다는 것을 가르쳤습니다. 예수님은 **"작은 자가 천을 이루고 약한 자가 강국을 이루리라"**(사 60:22) 고 예언한 이사야의 말씀을 확신하고 계셨기 때문에 다수와 군중에 집착하지 않았습니다. 자기 손에서 만들어진 소수는 많은 다수를 이끌고 있을 뿐 아니라 세상을 정복 할 수 있는 능력을 가질 수 있다는 사실을 의심하지 않고 계셨던 것입니다. 그러므로 제자훈련은 소수정예화의 전략입니다. 그 소수를 가지고 다수를 동력화(動力化)시키는 전략입니다. 주님이 제자를 만들라고 하시는 마28:19-20의 말씀의 배후에는 이러한 숨은 의도가 깔려 있습니다. 결국 그분의 판단은 옳으셨고, 예수 그리스도의 이름 앞에 세계가 굴복하고 복음의 능력이 소수의 사람들에 의해서 나타나게 된 것입니다. 불과 12명의 손에서 세계가 달라지기 시작하더니 그들을 이은 수많은 제자들을 통해 하나님의 나라가 건설되고 있습니다.

오늘 우리 교회도 숫자와 상관없이 모두가 주님의 참 제자로 훈련되고 헌신된다면 세상을 변화시키는 교회가 될 것입니다.

주님은 사람들을 조건없이 선택하여 제자로 부르셨습니다. 한 사람 한 사람에게 집중하여 부르시고 작은 공동체를 이루게 하셨습니다. 적은 무리였지만 많은 사람들을 변화시키고 하나님의 큰일을 할 수 있는 제자들이 되었습니다. 우리를 부르시고 제자 삼으신 주님의 의도를 바르게 이해하고 신실하게 제자의 삶을 살아 갈 수 있기를 소망합니다. 한 사람의 중요성을 깊이 인식하고 '나 하나쯤이야' 하는 안일한 생각을 버리고 '내가 아니면 안 된다'는 각오를 가지고 공동체를 세워가는 주님의 제자들이 되어야 할 것입니다. 소수의 정예화는 모든 사람들에게 가능성을 제공하고 더 결집된 공동체를 만드는 에너지가 됩니다. 소그룹을 통한 변화와 성장, 더 나아가 부흥의 초석을 놓는 교회가 되어야 할 것입니다.

Chapter 19
제자 공동체(2)
(The community of disciples)

마가복음 3:13-19

또 산에 오르사 자기가 원하는 자들을 부르시니 나아온지라 이에 열둘을 세우셨으니 이는 자기와 함께 있게 하시고 또 보내사 전도도 하며 귀신을 내쫓는 권능도 가지게 하려 하심이러라 이 열둘을 세우셨으니 시몬에게는 베드로란 이름을 더하셨고 또 세베대의 아들 야고보와 야고보의 형제 요한이니 이 둘에게는 보아너게 곧 우레의 아들이란 이름을 더하셨으며 또 안드레와 빌립과 바돌로매와 마태와 도마와 알패오의 아들 야고보와 및 다대오와 가나나인 시몬이며 또 가룟 유다니 이는 예수를 판 자더라

각 조직이나 단체 그리고 회사나 공동체는 사람을 채용할 때 분명한 목적을 가지고 각 분야에 적합한 사람을 뽑아 그 목적을 성취하고 그 목표를 달성합니다. 군대는 육군, 공군 그리고 해군이 있는데 각 분야별로 하는 임무가 각기 다르기 때문에 특성을 따라 군인을 모집하여 훈련하고 강한 군인으로 나라를 지키는 국방의 임무를 다하도록 합니다. 회사도 마찬가지로 어떤 제품을 생산하느냐에 따라 직종에 맡는 전공자를 뽑아서 생산성을 높이고, 회사가 목표로

하는 바를 이루도록 합니다. 예수님께서 하나님 나라의 복음을 위하고 교회를 세우기 위해 제자들을 선택하셨을 때도 분명한 목적을 가지고 선택하셨습니다.

오늘 본문은 예수님께서 제자들을 선택하셨을 때 분명한 목적을 가지고 제자 공동체를 형성하셨는데 오늘 우리 교회가 제자공동체로서 어떤 것에 초점을 맞추어서 자신의 일을 해야 할 것인가에 대한 예수님의 바람을 함께 생각해 보기를 원합니다.

주님과 함께하기

먼저 예수님께서 열두 제자들을 부르신 목적을 숙고해 보아야 합니다. 14절에 의하면 예수님은 자기가 원하는 많은 사람들 가운데서 자기와 함께 있게 하기 위하여, 전도(선포)하도록, 그리고 귀신을 내어좇는 권세를 갖도록 하기 위하여 열두 명을 선택하셨습니다. 마가복음의 이 구절을 다른 복음의 병행 구절들과 비교해 보면 마가복음의 특징을 확인할 수 있습니다. 마10:1에는 **"예수께서 그 열두 제자를 부르사 더러운 귀신을 쫓아내며 모든 병과 모든 약한 것을 고치는 권능을 주시니라."** 눅6:13에는 **"밝으매 그 제자들을 부르사 그 중에서 열둘을 택하여 사도라 칭하셨으니"** 라고 기록되어 있습니다.

다른 두 복음서와의 비교해 볼 때 두드러지게 드러나는 차이점은 예수님께서 제자들을 부르신 세 가지 목적 중 두 번째, 세 번째 항목은 마태복음에서도 발견되는 공통점이지만, 첫 번째 항목은 마가복음에서만 발견되는 독특한 것입니다(마 10:1,2-4, 눅 6:12-16, 9:1-2절).

마태복음에는 열 두 제자들을 택했다는 언급이 아예 없고, 누가복음에는 택함의 목적이 나와 있지 않습니다. 열두 제자를 부르신 목적을 구태여 밝히고 있는 것은 마가복음 본문뿐입니다. 왜 마가는 이렇게 목적을 분명히 하고 있을까요? 그 이유는 마가복음의 독자들, 즉 마가가 속하였을 신앙 공동체 구성원들 안에 제자로서의 이런 특징이 결여(缺如)되어 가고 있기 때문인 것으로 추정할 수 있습니다.

이런 의미에서 볼 때 마가복음에 있어서 제자들의 선택 기사는 마가복음을 받는 독자들의 사회적 배경 하에서 조명되어야 이해할 수 있습니다. 지리적으로 로마에 위치했던 마가 공동체는 로마 정부와 또한 유대인들로부터의 박해와 핍박에 직면하고 있었습니다. 마가복음 10:30절에서 **"핍박을 겸하여 받고"** 라는 말씀은 오직 마가복음에서만 발견됩니다. 이런 상황 아래에서 마가교회 교인들은 핍박을 목전에 두고 아마도 두 종류의 전혀 다른 반응을 보였을 것으로 여겨집니다. 일부는 핍박과 환난 가운데서도 순교를 각오하며 믿음을 지키는 자들이 있었던 반면에, 또 다른 일부는 무서운 핍박의 공포에 눌려 그만 믿음을 포기하고 배교하는 자들도 생겨났을 것입니다.

마가복음 10장 31절을 보면, **"그러나 먼저 된 자가 나중 되고 나중 된 자로서 먼저 될 자가 많으니라."** 이 말씀은 마가교회의 이런 상황을 반영한 것으로 여겨지는데, 여기서 "먼저 된 자로서 나중 된다"는 말씀은 신앙의 경륜이 오래되었음에도 불구하고 핍박 앞에서 변절한 신자를 가리키고, "나중 된 자로서 먼저 될 자"란 말씀은 신앙의 경륜이 일천함에도 불구하고 핍박에 굴하지 아니하고 순교를 기꺼이 각오한 신자를 가리키는 것으로 볼 수 있습니다. 이런 상황을 우리가 염두에 둘 때, 예수님께서 제자들을 부른 목적 중 첫 번째가 **"자기와 함께 있게 하기 위함"**이라는 사실은 마가 교회에 있어 대단히 의미있는 대목이었을 것입니다. 요컨대 마가는 예수님께서 열 두 제자를 친히 부르신 장면에서 그들을 부르셨던 목적을 구태여 분명하게 밝힘으로써 그 공동체 교인들에게 제자도의 한 특징, 즉 어떤 상황과 형편, 처지, 그리고 조건 가운데서도, 좀 더 구체적으로는 핍박과 환난 가운데서도, 제자들은 항상 주님과 함께 할 것을 늘 동행할 것을 새로이 상기시키고 있는 것입니다.

"함께 하신다"는 말씀에는 새로운 신앙 공동체의 일원이 되어 동고동락하며 운명을 함께 할 것이라는 의미와 더 나아가 '하나님 나라' 라고 하는 새로운 사회를 함께 건설할 것이라는 사명감이 함축되어 있습니다. 또한 너희들이 부모와 처자와 재산을 다 버리고 나를 따랐기 때문에 내가 모든 것을 책임져 주시겠다는 보호와 인도의 의미가 담겨져 있는 것입니다. 훌륭한 사람, 위대한 사람과 함께 하는 것이 영광이기도 하지만 그 분이 가지고 있는 것으로 모든 것을 책임져 주신다는 것은 삶을 더욱 생기 있게 하고 주어진 일에 최선을 다하게 하는 원동력이 되는 것입니다.

주님께서 오늘 저와 여러분들을 부르신 목적은 어려운 형편 가운데 주님 따라 가는 길에 든든한 버팀목이 되어 주실 뿐 아니라 외로울 때나 슬플 때 실패했을 때나 좌절감에 사로잡힐 때 함께 하셔서 위로와 격려 그리고 희망과 힘을 주시기 위해서입니다. 우리를 절대 힘들게 하거나 홀로 두지 않고 같이하면서 지키시고 보호하시며 모든 것을 책임져 주시는 것입니다. 그 주님과 함께 하면서 험한 세월을 용기 잃지 않고 살아 갈 수 있기를 바랍니다. 존 스토트는 제자가 되는데 가장 중요한 것은 손이나 발이 아니라 '귀'라고 했습니다. 그 말씀의 진의는 주님과 함께 하는 것은 주님의 말씀을 청종하는 것이라는 의미입니다. 동행은 경청하는 것에서부터 시작된다고 할 수 있습니다.

전도자로 파송

예수님께서는 제자들을 부르신 두 번째 목적은 전도자로 훈련시켜 복음을 전하도록 파송하기 위해서입니다. 주님은 실제로 제자들을 고되게 훈련시켜 이 마을 저 마을로 두 명씩 짝을 지어 복음 전하도록 파송하신 것을 볼 수 있습니다. 하나님께서 직접 택한 백성을 불러 구원하실 수 있지만 그 방법을 선택하지 않고 사람을 불러 제자 삼고 그 제자로 하여금 아직 하나님을 알지 못하고 있는 사람들에게 복음을 전하도록 하신 것입니다. 제자들은 주님의 분부하심을 따라 마을마다 동네마다 다니면서 하나님 나라를 전파하여 하나님께로 돌아오게 했던 것입니다. 막6:7절에 **"열 두 제자를 부르사 둘씩둘씩 보내시며 더러운 귀신을 제어하는 권세를 주시고"** 눅10:1절에 **"이 후에 주께서 달리 칠십인을 세우사 친히 가시려는 각동네 각처로 둘씩 앞서 보내시며"**라고 말합니다. 주님은 하나님의 나라 복음 전파를 위해서 사람이 필요하셨던 것입니다. 이 일을 위해서 예수님은 자신이 복음 전파에 모범을 보여 주셨습니다. 마4:23절에 **"예수께서 온 갈릴리에 두루 다니사 저희 회당에서 가르치시며 천국 복음을 전파하시며 백성 중에 모든 병과 모든 약한 것을 고치시니,** 마9:35절에 **예수께서 모든 성과 촌에 두루 다니사 저희 회당에서 가르치시며 천국 복음을 전파하시며 모든 병과 모든 약한 것을 고치시니라"** 주님은 몸소 하나님의 나라 건설을 위해서 복음 전하는 일에 자신의 생애를 헌신했습니다. 제자들은 예수님께서 하시는 것을 보면서 배웠고 스승에게서 배운 바를 그들도 실천했습니다. 오순절 성령이 임한 이후에는 제자들이 권능을 받고 예루살렘을 기점으로 해서 온 땅 끝까지 복음을 위해서 헌신했고 순교하는 자리까지 이르게 되었습니다.

제자들은 예수님께 부르심을 받아 그동안 예수님과 함께 했습니다. 예수님의 말씀을 들었고 예수님을 보았습니다. 죄 사함을 선포하시고 중풍병자를 걸어가게 하시는 것을 보았습니다. 또한 문둥병자에게 손을 대어 낫게 하시는 것을 보았습니다. 바람과 바다를 꾸짖어 잔잔케 하는 것을 보았습니다. 열 두 해 혈루증 앓는 여인이 옷만 만지고 나은 것을 보았습니다. 죽었던 열 두 살 난 소녀를 살리는 것을 보았습니다. 보고 놀랐습니다. 제자들은 예수님을 보고 알고 믿는 자들이 되었습니다. 이제 그들은 가야합니다. 가서 보고 듣고 알게 된 예수님에 대해서 전파해야 합니다. 제자들의 정체성 중 하나는 예수님으로부터 보냄을 받은 자입니다. 세상에 파송된 선교사입니다. 제자는 가정과 직장, 사회에 파송된 전도자요, 선교사입니다. 하지만 세상에는 예수님의 고향사람들처럼 배척하는 사람들도 있습니다. 이런 세상에서 예수님에 대해 말하고 회개와 구원의 복음을 전하는 것은 쉬운 일이 아닙니다. 사람들은 예수님과 함께 하는 삶은 좋아합니다. 교회에서는 다 호랑이요, 사자들입니다. 하지만 세상에 가서는 잠수함이 됩니다. 그러나 제자는 예수님을 본 자들입니다. 예수님을 아는 자들이요, 복음의 능력을 맛본 자들입니다. 하나님의 나라의 비밀을 아는 자들입니다. 본 자들, 아는 자들은 나가서 전해야 합니다. 나가서 말해야 합니다. 제자들은 아직 어립니다. 세상은 이들에게 우호적이지 않습니다. 종교지도자들이 길목을 지키며 노리고 있습니다. 복음을 배척하는 사람도 많습니다. 제자들을 보내는 것이 마치 양들을 이리 속에 보내는 것과 같습니다. 이들이 전도하다가 불신에 빠질 수 있습니다. 배척 받고 힘들어져서 제자 생활을 접고 그냥 집으로 돌아가 버릴 수도 있습니다. 그럼에도 불구하고 예수님께서는 제자들을 세상에 보내셨습니다. 제자들이 배척을 받더라도 이를 이겨내고 복음을 전할 수 있는 전도자가 되도록 도전하셨습니다. 주님의 참된 제자는 다른 사람들에게 자신이 받고 체험한 복음을 전하는 일에 헌신합니다. 체면과 부끄러움을 개의치 않고 때를 얻든지 못 얻든지 항상 복음 전하는 일에 전심전력합니다.

오늘 우리를 주님의 제자로 부르신 목적도 동일합니다. 구세군 창시자 윌리엄 부드는 성도들을 **"타인을 구원하기 위해 구원받은 존재"**라고 강조했습니다. 주님이 부르신 목적에 충실하지 못한 사람은 여러 가지 핑계를 대면서 전도하는 일을 등한히 합니다. 이 부르심에 더 크게 헌신 하는 분들은 다른 민족에게까지 가서 선교하는 일에 목숨을 거는 것입니다. 결코 쉬운 일이 아니지만 주님께서 나를 불러 주신 목적에 충실하면서 자신을 쳐서 복종하여 그리스도의 부르심에 순종하는 것입니다. 먼저 가까운 가족들에게 복음을 전하고 동네와 마을에 주님을 알지 못하고 허무하게 살아가는 이웃에게 복음을 전하고 더 나아가 땅 끝까지 가서 복음을 전하는 예수 그리스도의 제자가 되어야 할 것입니다.

권능 얻어 영적 전쟁에서 승리

예수님은 제자들을 보내시며 무엇을 주셨습니까? 더러운 귀신을 제어하는 권능을 주셨습니다. 전도는 사단과의 영적 전투입니다. 사람들을 더럽게 하는 악한 영들과의 전투입니다. 말과 지식과 진심만으로 사람을 도울 수 없습니다. 더러운 귀신을 제어하는 영적 권세가 있어야 합니다. 예수님께서는 제자들에게 이런 권세를 주셨습니다. 예수님께서는 제자들을 보내시며 이들에게 권능을 주십니다. 말씀을 전파할 권능, 귀신을 제어할 권능, 병든 자를 치료하는 권능을 주십니다. 이 권능은 제자들의 권능이 아닙니다. 제자들의 권능이 얼마나 되겠습니까? 그러나 예수님의 권능은 하나님의 지혜요, 하나님의 권능입니다. 제자들이 받은 권능은 예수님의 권능입니다. 보냄을 받은 자들은 예수님께서 주신 권능을 믿음으로 행사할 수 있습니다. 예수님은 자신이 귀신을 내어 쫓는 영적인 전사로 왔음을 보여 주시기 위해서 귀신을 쫓아내는 사역을 여러 곳에서 하셨습니다. 그렇게 함으로써 사탄이 사로잡고 있던 개인, 가정, 그리고 지역을 하나님이 통치하는 나라로 변하게 했습니다. 예수님은 왕으로서 영적 전쟁에서 승리함으로 귀신의 영토를 빼앗아 하나님의 나라가 되게 하신 것입니다. 예수께서는 그의 공생애 기간 동안 귀신 쫓는 일을 멈춘 적이 없으십니다. 그가 요단강에서 세례를 받고 성령에게 이끌려 광야에 가서 마귀에게 시험을 받으신 이후에는 가는 곳마다 복음을 전하고 귀신을 쫓으셨습니다. "저희가 가버나움에 들어가니라 예수께서 곧 안식일에 회당에 들어가 가르치시매 뭇 사람이 그의 교훈에 놀라니 이는 그 가르치시는 것이 권세 있는 자와 같고 서기관들과 같지 아니함일러라 마침 저희 회당에 더러운 귀신 들린 사람이 있어 소리질러 가로되 나사렛 예수여 우리가 당신과 무슨 상관이 있나이까 우리를 멸하러 왔나이까 나는 당신이 누구인 줄 아노니 하나님의 거룩한 자니이다 예수께서 꾸짖어 가라사대 잠잠하고 그 사람에게서 나오라 하시니 더러운 귀신이 그 사람으로 경련을 일으키게 하고 큰 소리를 지르며 나오는지라 다 놀라 서로 물어 가로되 이는 어찜이뇨 권세 있는 새 교훈이로다 더러운 귀신들을 명한즉 순종하는도다 하더라 예수의 소문이 곧 온 갈릴리 사방에 퍼지더라"(막 1:21~28)

그리스도인들의 싸움은 혈과 육에 관한 것이 아닙니다. 교회 안에서 미워하는 사람과의 싸움과 분쟁을 통한 소모전이 아닙니다. 사도 바울은 엡6:12절에서 "우리의 씨름은 혈과 육에 대한 것이 아니요 정사와 권세와 이 어두움의 세상 주관자들과 하늘에 있는 악의 영들에게 대함이라"라고 하면서 하나님의 전신 갑주를 입어야 할 것을 주문하고 있습니다.

권능은 우리의 힘으로 배양하는 능력이 아니라 우리 주님께서 직접 제자들에게 주신다고 했습니다. 12제자들은 주님이 주시는 권능을 받아 전도에 사용했습니다. "**칠십인이 기뻐 돌아와 가로되 주여 주의 이름으로 귀신들도 우리에게 항복하더이다. 예수께서 이르시되 사단이 하늘로서 번개 같이 떨어지는 것을 내가 보았노라. 내가 너희에게 뱀과 전갈을 밟으며 원수의 모든 능력을 제어할 권세를 주었으니 너희를 해할 자가 결단코 없으리라. 그러나 귀신들이 너희에게 항복하는 것으로 기뻐하지 말고 너희 이름이 하늘에 기록된 것으로 기뻐하라 하시니라**"(눅

10:17~20) 우리가 권능을 받는 통로는 두 가지인데 하나는 말씀이고 다른 하나는 기도입니다. 기도와 말씀 없이는 영적 전쟁에서 이길 수 있는 에너지가 생기지 않습니다. 우리 모두는 모든 삶의 영역에서 사탄의 무서운 도전 앞에 무능한 그리스도인 아니라 담대히 싸워 승리할 수 있기를 주의 이름으로 축복합니다.

주님께서는 우리 각자를 아무런 조건 없이 선택하여 제자로 부르셨습니다. 그 목적은 주님과 깊이 교제하면서 엄청난 복을 누리며 풍성함을 경험하도록 하기 위함입니다. 함께 하신다는 것은 그 분께서 보호와 인도의 책임을 다할 것이라는 의미를 내포하고 있습니다. 이렇게 제자로 산다는 것이 얼마나 큰 특권인지 모르겠습니다. 우리와 함께 하시는 예수님께서는 우리를 한시도 떠나시지 않고 같이 하시며 천국에 이를 때까지 동행해 주십니다. 주님의 제자는 하나님의 나라 복음 전하는 일에 목숨을 걸고 헌신해야 합니다. 피를 흘린 만큼 영혼을 추수할 수 있습니다. 우리에게 복음을 효과적으로 전하도록 하기 위해서 말씀의 능력과 귀신을 쫓아내고 병든 자를 치료하는 권능을 주셨습니다. 우리가 주님께서 주신 권능을 의지하고 삶의 현장에서 예수님을 드러내는 전도자로 살기를 기도합니다. 우리가 가는 곳마다 사탄이 떠나가고, 하나님의 나라가 이루어져 우리를 부르신 예수님이 드러나기를 소원합니다. 구원이 임하고, 귀신이 쫓겨가고 병든 자가 건강해지는 역사가 충만하게 일어나기를 기도합니다.

Chapter 20

예수님에 대한 오해와 진실
(The misunderstand & truth to Jesus)

마가복음 3:20-30

집에 들어가시니 무리가 다시 모이므로 식사할 겨를도 없는지라 예수의 친족들이 듣고 그를 붙들러 나오니 이는 그가 미쳤다 함일러라 예루살렘에서 내려온 서기관들은 그가 바알세불이 지폈다 하며 또 귀신의 왕을 힘입어 귀신을 쫓아낸다 하니 예수께서 그들을 불러다가 비유로 말씀하시되 사탄이 어찌 사탄을 쫓아낼 수 있느냐 또 만일 나라가 스스로 분쟁하면 그 나라가 설 수 없고 만일 집이 스스로 분쟁하면 그 집이 설 수 없고 만일 사탄이 자기를 거슬러 일어나 분쟁하면 설 수 없고 망하느니라 사람이 먼저 강한 자를 결박하지 않고는 그 강한 자의 집에 들어가 세간을 강탈하지 못하리니 결박한 후에야 그 집을 강탈하리라 내가 진실로 너희에게 이르노니 사람의 모든 죄와 모든 모독하는 일은 사하심을 얻되 누구든지 성령을 모독하는 자는 영원히 사하심을 얻지 못하고 영원한 죄가 되느니라 하시니 이는 그들이 말하기를 더러운 귀신이 들렸다 함이러라

사람과의 관계에서 생겨나는 오해 때문에 고통을 경험한 사람이라면 오해가 지니고 있는 부정적인 피해가 얼마나 큰 것인가를 잘 알고 있을 것입니다. 어느 믿음 좋은 며느리가 시어머니의 핍박을 받으며 신앙생활을 했습니다. 그럼에도 며느리는 시어머니를 위해 늘 눈물로 기도했습니다. 그때마다 찬송가 342장 "너 시험을 당해

죄 짓지 말고, 너 용기를 다해 곧 물리치라 너 시험을 이겨 새 힘을 얻고"를 불렀습니다. 그러던 어느 날 교회에서 심방 온 성도들이 시어머니에게 전도했습니다. "예수 믿으세요. 늘 며느님이 어머님을 위해서 눈물로 기도합니다." 그러자 시어머니가 말했습니다. "내 며느리는 왕내숭이에요. 기도한다기에 들어보니 시어미 이기자는 노래만 부르고 있습디다." 다시 성도가 물었습니다. "무슨 찬송을 불렀는데요?" 시어머니는 곧장 이렇게 대답했습니다. "너 시어밀 당해 범죄치 말고 너 용기를 다해 물리쳐라 너 시어밀 이겨 새 힘을 얻고…"

사람들이 하는 일에 대해서 오해를 하려고 하면 한도 없고 끝도 없습니다. 이것은 시각의 차이인데 긍정적이고 진취적으로 보면 모든 것이 합력해서 선을 이루게 되고 감사하게 되지만 부정적인 눈으로 보면 원망과 불평 시기와 질투가 생겨 오해를 불러오게 됩니다. 올바른 시각을 가지는 것은 좋은 인격과 그동안 살아오면서 쌓인 가치관에 따라서 주어지는 긍정적인 태도와 반응을 의미합니다. 부정적인 사람은 늘 부정적이고, 긍정적인 사람은 매사에 긍정적입니다. 세상에서 성공하는 사람들의 공통점은 바로 지도자와 사회 그리고 자기가 속한 조직이나 단체를 긍정적으로 본다는 것입니다. 자기에게 좀 불이익이 오고 손해를 본다고 하더라도 긍정적이고 적극적입니다. 예수님 당시에 바리새인들과 서기관 그리고 제사장들은 늘 부정적으로 예수님에 대하여 생각하면서 기회가 있으면 트집을 잡고 궁지에 몰아넣었습니다.

오늘 본문을 보면 사람들이 예수님을 미쳤다고 하면서 귀신의 힘으로 귀신을 내어 쫓고 기적을 행한다고 맹비난했습니다. 이것은 전적으로 오해였습니다. 오해는 진의와 본질 그리고 의도를 알지 못하는 데서 오는 잘못된 반응입니다. 진실을 파악하고 그것을 받아들일 수 있는 것은 그 사람의 성숙도와 믿음의 확신이라고 할 수 있습니다.

예수님에 대한 오해들(21-22, 30)

식사할 겨를도 없이 몰려드는 청중들을 가르치며 치유하시는 예수님에 대해서 사람들은 여러 가지 비난의 말들을 쏟아내었는데, 첫째는 예수님이 미쳤다는 것이고, 두 번째는 그 당시에 이방신으로 상당한 힘과 권세를 가지고 있다고 믿었던 바알세불, 귀신의 왕의 힘을 덧입어 귀신을 쫓아낸다는 것이었습니다. 이것은 예수님의 신분과 정체성을 모르는 오해에서 비롯된 것입니다. 사람이 평범한 삶을 살 때는 비난과 오해를 받지 않지만 큰 일을 하고 능력 있는 일을 해 낼 때는 다른 사람들로부터 오해를 사기도 합니다. 예수님은 귀신들린 사람을 축귀하여 온전한 상태로 회복시켰고(막1:21-27, 34; 3:11), 하늘의 신비한 진리를 가르치며 많은 병자들을 치유하는 일로 인하여 당대의 사람들에게 시기를 받기도 하고 오해를 사기도 했습니다. 오늘 본문은 그 대표적인 사례로서 사람들은 예수님에 대한 모독과 같은 언사를 쏟아내었습니다. 귀신들렸다고, 미쳤다고 하면서 자기들이 싫어하는 당대의 귀신의 왕을 언급하면서 예수님에 대한 오해를 하게 되었습니다.

오늘날도 예수님의 이름으로 기적을 베풀고 악령을 내어 쫓는 영적 전쟁을 치르는 사람들을 보면 세상 사람들과 불신자들 그리고 믿음이 아직 어린 사람들은 이상한 눈으로 보면서 하나님의 역사와 성령의 하시는 일을 멸시하는 경우가 있습니다. 귀신들린 사람을 앞에 두고 기도와 찬양을 하면서 귀신을 내어 쫓으면 이상한 능력을 가진 사람으로 오해 하는 경우가 없지 않습니다. 너무나 정상적인 사역이고 예수님께서 하나님의 자녀들과 전도자들에게 주신 특권이요 권세인데 말입니다. 마가복음 3:15절에 "예수님께서 제자들을 불러서 전도하도록 내어 보내시는 것은 귀신을 내어 쫓는 권세도 있게 하려 하심이러라"고 했습니다. 마10:1절에도 동일하게 "예수께서 그 열두 제자를 부르사 더러운 귀신을 쫓아내며 모든 병과 모든 약한 것을 고치는 권능을 주시니라"고 기록하고 있습니다. 우리에게 능력을 주시고 은사를 주시는 것은 귀신의 통치를 끝내고 하나님의 나라를 이루기 위함입니다. 그러므로 신령한 일과 하나님의 나라의 일은 세상 사람들이 잘 모를 수 있습니다. 영적 원리와 성령의 하시는 일은 세상적인 지식과 경험으로 판단할 수 있는 것도 아닙니다. 그런데도 사람들은 자꾸만 자기의 수준에서 영적인 일을 판단하여 곡해하는 일이 있습니다. 정말 조심해야 할 일입니다.

오해에 대한 결과는 왜곡된 삶의 태도로 나타나 불평과 원망으로 이어지고 결국 하나님을 떠나 미신과 우상숭배의 죄에 이르게 됩니다. 예를 들면 북왕국을 다스리던 아하시야왕은 모압나라가 자신의 나라 사마리아성을 침공하였다는 급보를 접하고 놀라 자기의 왕궁 다락 난간에서 떨어져 병들게 되었습니다. 당장 모압의 반기를 제압할 수 없는 답답한 처지에 놓인 아하시야는 그의 사자를 에그론의 신(神) 바알세붑에게 보내어 자신의 병이 낫겠는지 물어보도록 하였습니다. '바알세붑'은 '주인'이란 뜻의 '바알'과 '날벌레' 또는 '파리'라는 뜻을 가진 말인 '제붑'의 복합어인데, 이것은 파리 형상으로 만들어진 우상입니다. 이 바알세붑은 태양과 여름을 주관하는 신(神)으로서 질병을 보내기도 하고 물리치기도 하는 신으로 여겨졌습니다. 그런데 아하시야가 이스라엘의 왕으로서 어려운 일을 당했을 때 마땅히 찾아야 할 하나님을 찾지 않고 이러한 이방신을 찾았다는 것은 하나님을 멸시한 행위인 것입니다. 사실 아하시야가 다락 난간에서 떨어져 병들게 된 것은, 그가 하나님 보기에 악을 행하여 바알을 숭배했던 부모의 길로 행한 것에 대한 하나님의 징계로 볼 수 있습니다. 그러므로 그는 사고의 원인이 무엇인가 돌이켜 보고 하나님께 나아와 겸손한 자세로 회개하며 병 낫기를 간구해야 했습니다. 그러나 그는 여전히 우상 숭배의 길에서 돌이키지 않고, 하나님 대신 바알세붑을 찾았던 것입니다. 끝까지 회개하지 않고 죄악을 고집하는 자에게 닥치는 것은 심판과 멸망뿐입니다. 하나님께서는 회개의 기회를 거부하고 죄악으로 치닫는 아하시야에게 선지자 엘리야를 통해 아하시야를 심판하시겠다고 경고하셨습니다.

　신앙생활을 하면서 우리는 그리스도의 사역과 복음 전파에 있어서 나의 판단으로 오해하는 어리석음을 줄여 나아가야 합니다. 하나님의 하시는 일에 대해서 늘 긍정적인 태도를 가지고 성령의 사역에 민감해야 할 것입니다. 그것이 은혜 생활에 밑거름이 되고 신앙에 많은 유익을 가져오게 됩니다. 오해나 불신 그리고 부정적인 시각을 가지면 자기에게 아무 유익이 없습니다. 신앙이 제대로 자리 잡지 못하게 되고 결국 교회 안에서 미숙아 내지는 방랑자가 되고 맙니다. 기독교 진리와 하나님의 하시는 일에 대해서 오해하지 맙시다.

　설사 예수님과 바울 사도처럼 오해를 받는다고 해도 감정적으로 대응하지 맙시다. 복음을 전하고, 올바르게 신앙 생활하려면 미쳤다는 이야기를 듣기도 하고, 귀신이 들렸다는 얘기도 듣기도 합니다. 성령의 힘으로 최선을 다하는 가운데 다른 사람들로부터 오해를 받는 것은 현실적으로는 괴로운 일이고 원통하지만 결과적으로는 복이 되고 유익이 됩니다. 베스도 총독이 바울을 향해 신앙이 너를 미치게 했다고 오해했습니다. 행26:24절에 **"바울이 이같이 변명하매 베스도가 크게 소리하여 가로되 바울아 네가 미쳤도다 네 많은 학문이 너를 미치게 한다 하니"**라고 기록하고 있습니다. 사람의 진의를 모를 때 어떤 경우 오해하기도 하지만 우리는 그것에 대해서 응수하거나 대꾸할 필요가 없습니다. 요셉도 형들로부터 심한 오해를 받아 다른 나라 장사꾼들에게 팔리는 수모를 당했지만 그가 감정적으로 대꾸하지 않았을 때 하나님의 섭리를 이루고 성공하게 되었습니다. 우리가 예수 믿는 것, 영적인 신앙생활을 잘 하기 위해 받는 수모와 오해는 결과적으로 축복의 통로가 된다는 것을 믿어야 합니다.

예수님의 불편한 진실(23-28)

예수님께서는 자기를 미쳤다고 하는 사람들에게 분노하거나 나쁜 감정을 드러내지 않고 사실을 사실대로 알려 주고 설명하기 위해서 비유적으로 말씀을 하십니다. 오해하는 사람들과 감정적으로 부닥쳐 보아야 아무런 유익이 없다는 사실을 주님께서는 잘 아시기 때문에 우회적으로 설명을 통해 설득해 가십니다.

전제는 '사탄이 사탄을 쫓아내지 않는다' 고 하시면서 나라가 스스로 분쟁을 하면 그 나라가 설 수 없고 가정도 마찬가지로 싸움이 자꾸 일어나면 제대로 가정이 화목할 수 없는 것과 같이 사탄과 귀신이 서로 싸우면 어떻게 사탄의 왕국이 설 수 있을지에 대해 상식에 호소하고 있는 것입니다. 영적인 나라나 정치적인 나라나 가정이나 할 것 없이 조직체가 서로 싸우면 망하게 되지 든든하게 설 수 없는 것은 삼척동자라도 다 아는 사실임을 설명하고 있습니다. 교회가 싸움판이 되고 분파를 나누어 분쟁을 한다고 가정해 보면 그 교회는 쇠퇴하지 결코 부흥 성장할 수 없을 것입니다. 서로 힘을 합치고 협력을 해도 성장할까 말까 한 처지에 싸우고 물면 다 망하는 법입니다.

예수님께서 행하신 축귀사역은 귀신의 힘이 아니라 귀신 보다 더 강한 능력으로 행하셨다는 것을 역설하고 있습니다(27). 귀신의 왕인 바알세불의 힘으로 한다면 그 밑에 귀신들이 하극상으로 반란이 일어날 것입니다. 예수님의 하시는 사역의 본질을 알지 못하니까 진실을 이해하지 못한 것입니다. 예수님의 오신 목적은 사탄의 권세를 멸하고 그들의 통치를 종식시키고 하나님의 나라를 이루기 위한 것이었습니다. **"자녀들은 혈육에 함께 속하였으매 그도 또한 한 모양으로 혈육에 함께 속하심은 사망으로 말미암아 사망의 세력을 잡은 자 곧 마귀를 없이 하시며, 또 죽기를 무서워하므로 일생에 매여 종 노릇 하는 모든 자들을 놓아 주려 하심이니, 이는 실로 천사들을 붙들어 주려 하심이 아니요 오직 아브라함의 자손을 붙들어 주려 하심이라"** 주님이 하나님의 능력과 성령의 권능으로 귀신을 내어 쫓아 내심으로 사람들과 공동체 안에 하나님의 통치를 이루게 된 것입니다. 예수님은 본질적인 사명을 다하신 것인데 사람들은 오해하였습니다. 그래서 이 진리를 바르게 수정시켜 주신 것입니다. 하나님 나라 일을 우리는 바르게 이해합니다. 세상의 그 어떤 힘과 영적인 권세도 성령의 힘과 예수 그리스도의 능력 외에는 물리칠 수 없습니다. 제일 강한 자가 바로 성령이시고 우리 하나님이시기 때문에 그 어떤 악한 영도 그 앞에는 물러 갈 수밖에 없습니다. 예수님이 거라사 지방에 갔을 때 한 사람이 귀신들려 공동묘지에서 생활하고 있었는데 예수님을 보고 자기와 무슨 상관이 있어 이곳에 왔습니까? 나를 괴롭게 하지 말라고 소리 쳤습니다. 그 때 주님께서 귀신을 내어 쫓아 마침 가까이에 돼지 떼가 있어 그 속으로 들어가도록 명령하시고 많은 돼지들이 호수로 내리달아 몰사하게 되었습니다. 한 사람 속에 들어간 귀신이지만 그 수가 얼마나 많았든지 '군대' 였습니다. 결국 귀신들린 사람은 정신이 온전하게 되었고, 그 마음 속에 성령의 통치가 일어나 예수님의 발치에 앉아 말씀을 듣게 되었습니다(눅8:26-39).

예수님은 오해하는 사람들에 대해서 비유를 통해서 간접적으로 풀어주는 모습을 보여 주고 있습니다. 감정적인 대립이나 미움이나 회피가 아니라 그들이 생각하고 있는 잘못에 대해서 수정하도록 적절한 방법을 사용하십니다. 실제 오해로 인한 갈등을 해소하기 위해서는 그 갈등을 숨기지 말고 오해의 원인을 찾아 적절한 대응방법을 찾는 것이 상책입니다. 그리고 오해가 풀렸을 때는 그로부터 얻게 된 교훈을 마음에 새겨서 똑같은 오해가 재발되지 않도록 노력할 필요가 있습니다. 그렇지만 이보다 선행되어야 할 과제는 오해하는 상대방의 입장을 이해하고 용서하는 겁니다. 그래서 용서는 오해로 인한 지난날의 상처를 과거의 일로 영원히 잊어버리게 하는 능력을 지니고 있습니다. 오해로 인한 미움은 오래 동안 남는 깊은 상처가 되지만 충분한 설명과 더불어 용서는 자기 자신과 상대에 대해서 치유와 회복의 길이 됩니다.

성령모독 죄(28, 29)

예수님께서 진실을 밝히면서 자기 속에 역사하는 성령과 앞으로 자기가 하늘나라로 올라가시면 도래하게 될 성령에 대해서 말씀하고 있습니다. 예수님은 사람에게 대한 모든 죄와 모독은 용서받을 수 있으나, 성령님을 모독하면 절대로 용서받지 못한다고 단언하고 있습니다(29). 마태도 이 부분에 대해서 다음과 같이 기록하고 있습니다. 마12:31,32절에 "**그러므로 내가 너희에게 이르노니 사람에 대한 모든 죄와 모독은 사하심을 얻되 성령을 모독하는 것은 사하심을 얻지 못하겠고, 또 누구든지 말로 인자를 거역하면 사하심을 얻되 누구든지 말로 성령을 거역하면 이 세상과 오는 세상에서도 사하심을 얻지 못하리라**"고 했습니다. 이 말씀을 하신 배경을 우리가 잘 알아야 말씀 속에 담긴 깊은 의미를 이해할 수 있습니다. 이것은 종교 형식주의에 빠져서 성령을 믿지 아니하는 바리새인들과 서기관 특히 영의 세계를 인정하지 않는 사두개인들을 향해 하신 말씀입니다. 하나님만 믿고 예수님과 성령의 사역을 귀신들린 것으로 치부하는 사람들에게 들려주는 하나의 경종입니다. 하나님의 일을 사람의 일로 오해해도 큰 잘못인데 성령의 역사를 귀신의 역사로 치부하는 것은 도무지 용서받지 못할 신성모독죄입니다. 왜 성령을 훼방하고 모독하는 죄는 용서받지 못하는 것일까요? 그 이유는 성령 모독죄는 영원한 죄이기 때문입니다. 사람에 대한 죄와 예수님에 대한 죄는 용서 받을 수 있지만 성령 모독죄는 "영원한 죄이므로 용서 받을 수 없다"는 것입니다. 이 말씀은 해석과 설명이 필요합니다. 왜 성령 모독 죄는 영원한 죄일까요? 성령을 부인하면, 예수를 믿을 길이 없기 때문 입니다. 성령의 역사를 거부하면 예수님을 하나님의 아들로 인정하고 받아 믿을 수 있는 길이 없기 때문입니다. 예수님의 하시는 일을 이해하기 위해서는 성령의 도우심을 받아야 하고 감동을 받아야 가능합니다. 딛3:5절에서 **"우리를 구원하시되 우리의 행한바 의로운 행위로 말미암지 아니하고 오직 그의 긍휼하심을 좇아 중생의 씻음과 성령의 새롭게 하심으로 하셨나니"** 라고 했고, 고전12:3절에 **"그러므로 내가 너희에게 알게 하노니 하나님의 영으로 말하는 자는 누구든지 예수를 저주할 자라 하지 않고 또 성령으로 아니하고는 누구든지 예수를 주시라 할 수 없느니라"** 고 못박고 있습니다.

그리스도인들은 성령의 인도를 받아야 그리스도께서 하시는 일을 이해하게 되고 구원뿐 아니라 성숙한 자리에 이르게 되며 성령이 주시는 기쁨과 소망을 가지고 살 수 있습니다. 성령을 따라 사는 것이 바로 하나님의 뜻을 따라 사는 것입니다. 예수님은 하나님의 아들이시지만 세례 요한으로부터 요단강에서 세례를 받을 때 임하신 성령의 능력으로 그의 사역을 감당했습니다. 귀신을 쫓아내고 사람들을 가르치는 모든 힘이 성령의 능력에 의한 것이었습니다. 그러므로 우리도 신앙생활에 있어서 육신을 따라 생각하고 판단하여 행동하지 말고 성령의 음성에 민감하고 성령님의 인도를 받아 순종하며 사는 거룩한 하나님의 자녀들이 되었으면 좋겠습니다.

어떤 일에 대한 오해는 잘못된 결과를 낳습니다. 오해 하지도 말고 오해를 받을 때 감정적으로 응수하지 말고, 오해를 풀도록 설득시켜 나가면서 진실을 붙잡고 진리를 따라 사고하고 행동하는 지혜가 필요합니다. 그리스도께서 하시는 사역은 성령의 일이고 영적인 것이기 때문에 때론 이해가 잘 안 되는 부분이 있지만 그 결과가 다른 사람들에게 피해를 주지 않고 유익과 혜택을 주는 것이라면 순종하고 따라가야 합니다. 무엇보다 성령의 인도하심에 민감하고 그 분의 음성 듣고 순종하는 삶을 사는 것은 복된 것입니다. 날마다 성령의 음성을 들으며 그것에 즉각적으로 순종하는 가운데 오해를 받아도 감사함으로 나아가는 주의 백성들 되시기를 간절히 소망합니다.

Chapter 21
예수님의 가족
(The family of Jesus Christ)

마가복음 3:31-35

그 때에 예수의 어머니와 동생들이 와서 밖에 서서 사람을 보내어 예수를 부르니 무리가 예수를 둘러 앉았다가 여짜오되 보소서 당신의 어머니와 동생들과 누이들이 밖에서 찾나이다 대답하시되 누가 내 어머니이며 동생들이냐 하시고 둘러 앉은 자들을 보시며 이르시되 내 어머니와 내 동생들을 보라 누구든지 하나님의 뜻대로 행하는 자가 내 형제요 자매요 어머니이니라

세상에서 가족이라는 개념만큼 더 끈끈하고 아름다운 것은 없을 것입니다. '가족', '가정' 하면 그 어떤 단어보다 우리는 따뜻하고 포근한 감정을 가지게 됩니다. 가족 안에 사랑이 있고, 쉼이 있고 그리고 평안과 위로가 있기 때문입니다. 불행하게도 그러한 분위기를 누리지 못하는 역기능적인 가정이 늘어가고 있는 것이 무척 안타까울 뿐입니다. 혈육을 나눈 가정과 가족도 우리의 일상에서 힘이 되고 울타리가 된다면 교회 공동체 안에서의 사회적인 욕구와 정신적 안정감 그리고 영적인 만족감을 얻을 수 있는 복은 세상 사

람들이 모르는 큰 기쁨이요 특권이 아닐 수 없습니다.

예수님께서는 하나님의 아들로서 이 땅에 오셨지만 한 가정 안에서 태어나셨고, 부모님에 대한 지극한 사랑을 가지고 한 가족의 일원으로써 충실한 삶을 사셨습니다. 예수님께서는 마지막 숨을 거두는 십자가의 죽음 앞에서도 사도 요한에게 노모인 어머니를 부탁하는 효성을 보여 주셨습니다. 오늘 본문은 예수님의 진정한 가족이 되는 범위와 조건에 대해서 말씀하고 있습니다. 혈연으로 묶인 가정도 소중하게 여기셨지만 예수님은 더 차원 높은 공동체를 가족으로 설정하셨습니다. 죄로 망가진 가족 공동체를 그의 십자가의 죽음을 통해서 회복시켜 거대한 새로운 가족을 형성하셨습니다.

혈육의 가족

천주교에서는 성모 마리아가 예수님만 낳아 기르고 난 다음에 결혼하지 않고 승천했다고 주장합니다. 431년 에베소 공회에서 마리아를 하나님의 어머니라고 선포했는데 사실 그 공회는 예수님이 하나님인지 아닌지를 논의하는 자리였습니다. 예수님은 곧 하나님이라고 결론을 내리고 마리아는 하나님인 예수님을 낳은 분이기 때문에 하나님의 어머니라고 불러도 아무 문제가 없다고 공포했습니다. 553년 제2차 콘스탄티노플 공회에서는 '평생 동정이신 마리아'를 선포하게 됩니다. 이후 1300여 년이 지난 1854년에 '성모 마리아께서 원죄 없이 잉태하심'을, 1950년에는 '성모 마리아께서 승천하셨음'을 교리로 선포했습니다. 이처럼 마리아 관련 교리는 하루아침에 확립된 것이 아니라 오랜 시간 논쟁을 거친 뒤에야 선포된 것입니다. 그들이 성경이 아닌 인간적인 회의를 통해서 한 사람을 얼마나 신격화 시켰는가를 우리는 쉽게 알 수 있습니다. 성경이 아니면 얼마든지 산 사람을 신격화 할 수 있습니다. 비슷한 예로 북한에서는 김일성을 신격화하는 작업을 긴 시간을 두고 해 왔습니다. 그는 이제 북한 사람들의 마음에 자리 잡고 있는 영원한 '의의 태양' 입니다. 일본인들은 특별하게 왕을 신격화하여 '천황' 이라고 부릅니다. 일본 국기 속에 그려져 있는 붉은 색의 둥근 원은 바로 태양을 상징하는 것이고 그 태양이 현현한 것이 바로 천황입니다. 사람들은 이렇게 한 사람을 신격화하여 섬기는 일을 너무 쉽게 여기고 죄를 짓고 있습니다. 하나님은 사람을 신격화 하지 못하도록 하기 위해 십계명 속에 "나 외에 다른 신을 네게 있게 말지니라" 라고 그 어떤 형상도 만들어 섬기지 말라고 경고하고 있습니다(출 20장, 신 5장). 천주교가 범하고 있는 실수가 바로 그런 것입니다. 성경에 대한 바른 진리보다 사람들의 생각을 모아서 교리화 하여 섬기기 때문에 사람들에게는 좋을지 모르지만 하나님에 대해서는 죄를 짓는 행위입니다. 오늘 본문은 이러한 주장이 얼마나 잘못된 것인가를 우리에게 가르쳐주고 있습니다. 예수님의 어머니와 형제들이 예수님을 방문하게 되었습니다.

성경은 여러 곳에서 마리아가 요셉과 결혼하여 자녀를 낳았다는 증거를 보여주고 있습니다. 마13:55절에 "이는 그 목수의 아들이 아니냐 그 모친은 마리아, 그 형제들은 야고보, 요셉, 시몬, 유다라 하지 않느냐" 막6:3절에 "이 사람이 마리아의 아들 목수가 아니냐 야고보와 요셉과 유다와 시몬의 형제가 아니냐 그 누이들이 우리와 함께 여기 있지 아니하냐 하고 예수를 배척한지라" 요7:3절에 "그 형제들이 예수께 이르되 당신의 행하는 일을 제자들도 보게 여기를 떠나 유대로 가소서"라고 기록하고 있습니다.

우리는 여러 곳의 성경과 정황을 살펴 볼 때 예수님의 가족들이 함께 갈릴리 나사렛이란 동네에서 오손도손 행복하게 살았던 것을 알 수 있습니다. 많은 사람들이 추론하기를 예수님의 육신의 아버지 요셉이 예수님 탄생 사건과 관련해서 몇 번 나오고, 예수님의 어린 시절에 언급된 후 그의 모습이 사라진 것을 보고, 요셉은 일찍 세상을 떠난 것으로 생각합니다. 그러므로 예수님은 어머니 마리아와 그의 동생들을 30세가 되기 이전까지는 충실하게 돌보았을 것으로 여겨집니다. 주님은 영적인 가족들을 돌본다고 그의 육신의 가족들을 등한히 하거나 그 책임을 회피하지 않았습니다. 가족을 돌보는 일에 최선을 다했고, 장자로서 가문에 대한 책임과 의무를 성실하게 잘 감당했습니다.

우리가 신앙생활 한다고 육신의 가족들을 등한히 하거나 그 책임을 소홀히 해서는 안 됩니다. 성경에 나오는 고르반도 일종의 가정에 대한 소홀함을 정당화하기 위한 교리였기 때문에 주님은 신랄하게 그것을 비판하셨습니다. 막7:11절에 **"너희는 가로되 사람이 아비에게나 어미에게나 말하기를 내가 드려 유익하게 할 것이 고르반 곧 하나님께 드림이 되었다고 하기만 하면 그만이라"**하셨는데 일차적으로 가정의 부모와 자녀 그리고 형제, 자매, 친지들을 잘 돌보는 것이 중요하고 그 다음에 교회의 식구들도 잘 돌보아야 할 것입니다. 교회 헌신과 가족 돌봄에 있어 균형을 가지는 것이 중요하고, 신앙생활에 우선순위를 두는 것이 예수님의 가족의 마땅한 태도입니다.

확대된 가족개념

예수님의 가족은 그 범위가 상당히 넓습니다. 본문의 "누구든지"라는 말씀 속에는 혈육으로 맺어진 형제자매의 개념을 뛰어넘어 지구촌의 모든 사람들이 그 속에 들어갈 수 있습니다. 유대인이나 헬라인이나 자유자나 종이나 누구든지 주의 이름을 부르는 자가 구원을 얻을 수 있게 되고 그들이 예수님의 가족이 되는 것입니다.

사도 바울은 이 사실에 대해서 고전12:13 절에 **"우리가 유대인이나 헬라인이나 종이나 자유자나 다 한 성령으로 세례를 받아 한 몸이 되었고 또 다 한 성령을 마시게 하셨느니라"**라고 했고, 갈3:28절에 **"너희는 유대인이나 헬라인이나 종이나 자주나나 남자나 여자 없이 다 그리스도 예수 안에서 하나이니라"라고 하면서 모든 사람이 민족과 인종과 신분과 빈부귀천을 뛰어 넘어 누구든지 예수님의 가족이 될 수 있다고 주장하고 있습니다. 골3:11절에 "거기는 헬라인과 유대인이나 할례당과 무할례당이나 야인이나 스구디아인이나 종이나 자유인이 분별이 있을 수 없나니 오직 그리스도는 만유시요 만유 안에 계시니라"라고 했습니다. 예수님은 유대인들이 아브라함의 자손이라는 한 가지 명분만으로 모든 것이 다 충족되는 것처럼 착각하고 있는 그들을 향해 그것만으로 충분치 않다고 하셨습니다. "그러므로 회개에 합당한 열매를 맺고, 속으로 아브라함이 우리 조상이라고 생각지 말라 내가 너희에게 이르노니 하나님이 능히 이 돌들로도 아브라함의 자손이 되게 하시리라. 이미 도끼가 나무 뿌리에 놓였으니 좋은 열매 맺지 아니하는 나무마다 찍어 불에 던지우리라"(마3:8~10). 성경은 모든 종족과 문화를 초월한 그리스도이심을 증거하고 있습니다.

예수님 당시나 바울이 활동하던 시대에는 유대인들이 유별나게 자신들만이 선민이고 하나님의 자녀임을 줄기차게 주장을 했습니다. 예수님의 말씀도 그 내면에는 자기 주변에 늘 따라다니며 트집을 잡는 유대인들을 향한 경고와 시정 조치의 의미가 그 속에 포함되어 있었을 것으로 추정이 됩니다. 베드로는 설교 중에 하나님의 가족으로 부르시는 사람들은 국경을 초월하고 민족을 초월하는 범인류를 포함하는 것으로 주장합니다. 행2:39절에 "이 약속은 너희와 너희 자녀와 모든 먼데 사람 곧 주 우리 하나님이 얼마든지 부르시는 자

들에게 하신 것이라"라고 유대인들을 향하여 외쳤습니다.

오늘 우리가 예수님의 가족이 되는 것도 마찬가지입니다. 어떤 인간적이고 외형적인 조건이 있다면 우리는 열외의 사람들이 되고 말았을 것인데 아무런 조건 없이 예수님을 믿는 자마다 구원을 얻고 그를 신뢰하기만 하면 그의 가족이 되도록 하신 것입니다. 유별난 한국인도 사랑하셔서 그의 가족으로 부르시고, 조금도 차별이 없게 하신 것입니다. 그러므로 그리스도인들은 개인주의와 자기 가정만을 아는 개념에서 벗어나 그리스도 안에 한 가족 됨을 귀하게 여기고 다른 구성원들을 사랑하고 존경하고 위해서 기도하는 관계가 되어야 할 것입니다. 기독교는 모든 그리스도인들이 다 한 가족의 개념에서 권속이 되는 것입니다. 그러나 안타깝게도 개인주의가 난무하면서 너무 개교회주의의 울타리가 높아서 자기 교회가 최고고 다른 교회는 이방시하는 잘못된 풍조가 점점 확대되고 있습니다. 이 울타리를 넘지 못하면 한국교회는 쇠퇴의 길을 벗어날 수 없을 것입니다. 이러한 형태의 잘못된 현상은 바로 한 건물 안에 교회가 여러 개 들어오고, 한 층에 교회가 두 개 나란히 붙어서 어느 교회가 들어가야 할지 모르는 지경에 이르고 있습니다. 교파와 교단의 벽이 높고, 일치와 화합보다는 더 많이 분파하고 나누어지는 안타까운 현실을 우리는 바라보고 있습니다. 교회는 우주적으로 하나이고, 모두는 예수님의 한 가족입니다. 미국이나 영국 호주나 남미의 나라 그리고 아프리카의 모든 그리스도인들이 문화와 피부 색깔 그리고 삶의 형태들이 달라도 우리는 하나이고, 한 가족으로 서로 돕고 사랑하는 관계를 만들어 가는 것이 너무나 당연한 것입니다.

예수님의 가족

주님께서 가족의 범위를 확대하고 나신 다음에 아무나 그의 가족이 되는 것은 아니라는 점에서 단 한 가지 조건을 달았습니다. 그것은 바로 "하나님의 뜻대로 행하는 자"라야 그의 가족 구성원이 될 수 있다는 것입니다. 이것은 아주 의미심장한 말씀입니다. 예수님의 혈연의 가족들은 예수님께서 공생애 기간 중에 하나님의 나라 일에 최선을 다하는 것을 못 마땅하게 생각한 것 같습니다. 아버지도 안 계시며 장남으로서 가족들을 책임져야 하는 나이인데 온 지역을 돌아다니며 가족들에게 대해서 등한히 하고 있으니 만류할 생각을 가지고 있었습니다. 충분한 설명을 해도 잘 알아들을 수 없는 영적인 것이기 때문에 어머니와 형제들은 예수님의 사역의 본질을 잘 이해하지 못했습니다. 주님은 자신을 찾아 온 어머니와 형제들, 그리고 자신의 부르심에 응답하여 가족을 버리고 헌신하고 있는 제자들에게 새로운 개념의 가족을 말씀하신 것입니다. 하나님의 뜻을 따라 행하는 사람들이 진정한 하나님의 가족이요 새 가족이라는 것입니다. 그럼 하나님의 뜻대로 하는 것은 어떤 것인가요? 그것은 하나님이 보내신 아들을 믿고, 그분의 말씀을 전폭적으로 듣고 받아들이며, 또한 그분의 명령에 온전히 순종하는 것입니다. 요6:38~39 절에 "내가 하늘로서 내려온 것은 내 뜻을 행하려 함이 아니요 나를 보내신 이의 뜻을 행하려 함이니라 나를 보내신 이의 뜻은 내게 주신 자 중에 내가 하나도 잃어버리지 아니하고 마지막 날에 다시 살리는 이것이니라" 라고 했습니다. 심지어 예수님께서도 자신의 원하는 대로 행동하시지 않으셨습니다. 제자들이 예수님 잡수실 음식에 대해서 이야기를 하니까 요4:34절에 **"예수께서 이르시되 나의 양식은 나를 보내신 이의 뜻을 행하며 그의 일을 온전히 이루는 이것이니라"**라고 하셨습니다.

하나님의 뜻을 우선 행하지 않는 사람은 진정한 가족이 될 수 없다는 것입니다. 하나님의 뜻은 아버지의 마음을 헤아려 하나님의 일을 하는 것입니다. 하나님께서 기뻐하시는 일을 하는 것이 그리스도인 가족이 해야 할 일입니다. 요일2:17절은 **"이 세상도, 그 정욕도 지나가되 오직 하나님의 뜻을 행하는 이는 영원히 거하느니라"**고 하면서 하나님의 뜻을 행하는 자의 결국이 어떠한지를 말씀하고 있습니다. 오늘 우리는 너무 가족들만 생각하고 하나님의 뜻과는 거리가 먼 신앙생활을 하고 있지 않은지 곰곰이 생각해 보아야 합니다. 예수님의 가족으로서 정말 하나님의 뜻을 행하며 사는 삶을 살고 있는지 점검하고, 새로운 가족으로 가장 되신 하나님을 기쁘시게 해드리는 삶을 살아야 할 것입니다.

주님은 우리를 제자로 부르셨을 뿐 아니라 당신의 보혈로 한 가족이 되게 하셨습니다. 그러므로 우리는 새로운 가족으로 서로 사랑하고 위로하며 목적을 향하여 달려가야 할 것입니다. 혈연의 정 때문에 하나님의 뜻을 저버리는 어리석은 그리스도인이 되면 안 됩니다. 가족이 신앙생활에 걸림돌이 된다면 우리는 제자로서의 삶을 살 수 없습니다. 삶의 우선순위가 예수님의 가족으로서 하나님의 뜻을 좇아 사는 것이어야 합니다. 세상의 가족과 혈연은 이 땅에서만 유효합니다. 천국에 가면 하나님과 그리스도를 중심한 새로운 가족으로 살게 됩니다. 천국에서는 시집가고 장가는 가는 일도 없고, 땅에서 맺은 혈연이 아무 소용이 없습니다. 마치 젊은이가 군에 가면 군 공동체의 일원이 되어 생활하다가 제대를 하게 되면 군과 관계없이 사회인이 되는 것과 같은 원리입니다. 군에 있을 때에는 나라를 지키는 군인으로서의 책임과 의무를 다해야 하지만 군 복무가 끝나면 가정으로 돌아와 새로운 삶을 시작하는 것입니다. 장기 복무자도 아닌데 군에 영원히 있을 사람처럼 처신하는 사람은 아무도 없습니다. 땅에 영원히 살 것처럼 행동하는 그리스도인이 있다면 그도 어리석은 사람일 것입니다.

마가복음 강해서 ①

하나님의 복음

■
초판 1쇄 인쇄 / 2012년 4월 10일
초판 1쇄 발행 / 2012년 4월 15일

■
지은이 / 안 병 만
펴낸이 / 김 수 관
펴낸곳 / 도서출판 영문
122-070 서울시 은평구 역촌동 10-82
☎ (02) 357-8585
FAX • (02) 382-4411
E-mail • kskym49@yahoo.co.kr

■
출판등록번호 / 제 03-01016호
출판등록일 / 1997. 7. 24

파본은 교환해 드립니다.
본 출판물은 저작권법으로 보호 받는
저작물이므로 출판사나 저자의 허락없이
무단 전재나 무단 복제를 할 수 없습니다.

정가 14,000원
ISBN 978-89-8487-290-5   03230
Printed in Korea